NO THANKS,
I'M JUST LOOKING

销售洗脑

把逛街者变成购买者的8条黄金法则

Sales Techniques for Turning Shoppers into Buyers

[美]哈里·J. 弗里德曼（Harry J. Friedman）◎著
施 轶◎译

中信出版集团·CHINACITICPRESS·北京

图书在版编目（CIP）数据

销售洗脑 /（美）弗里德曼著；施铁译 . -- 北京：中信出版社，2016.9（2025.8 重印）
（全能销售系列）
书名原文：No Thanks, I'm Just Looking
ISBN 978-7-5086-6521-4

I. ①销… II. ①弗… ②施… III. ①销售管理 IV. ① F713.3

中国版本图书馆 CIP 数据核字（2016）第 175924 号

销售洗脑
著者：　［美］哈里 · J. 弗里德曼
译者：　施　铁
出版发行：中信出版集团股份有限公司
（北京市朝阳区东三环北路 27 号嘉铭中心　邮编　100020）
承印者：　嘉业印刷（天津）有限公司

开本：880mm × 1230mm　1/32　　印张：9.25　　字数：165 千字
版次：2016 年 9 月第 1 版　　印次：2025 年 8 月第 53 次印刷
京权图字：01–2012–1960　　书号：ISBN 978–7–5086–6521–4
定价：49.00 元

服务热线：400–600–8099
投稿邮箱：author@citicpub.com

NO THANKS,
I'M JUST LOOKING

Sales Techniques for
Turning Shoppers into Buyers

目 录

03

购买动机的秘密

04

演示的套路

05

试探成交与附加销售

06 处理异议的原则和技巧

07 让顾客主动说购买

08 确认与邀请

前 言

如今，很少有其他人像零售专业人士一样必须快速应对消费者的需求变化。昨天的热卖品在明天可能成为死库存。同样，面向顾客的销售技巧在现在快节奏的社会可能导致灾难性的后果，尤其是用于那些富有经验、已经看过太多销售技巧、听过太多销售话术的顾客时。

如果你正在使用过时的技巧和话术，或者你无法理解人们为什么购买，你的赚钱能力、你的职业生涯乃至你的财富都会处于危险之中。市场就像一个危机四伏的丛林，如果你缺乏正确的工具和技巧，就会立刻被对手嚼碎然后吐出来。事实上，销售行业的人员流动是所有行业和职业里最高的。

介绍一下哈里 · J. 弗里德曼。哈里是位于洛杉矶的销售与管理培训公司弗里德曼集团的总裁，他在 30 多岁的时候就创立了自己的公司，并且使之成为行业内最成功的培训公司之一。

他的节目和现场演讲在全世界极受欢迎，在其中以及这里书里，哈里抛弃了那些传统的如何在零售中成功的陈旧套路，自己建立起了一整套销售洗脑理论，这些销售洗脑理论源于已被证明行之有效的方法，是哈里经过几十年的研究、学习及总结第一手经验得到的。

这本书会帮您大幅度节约时间，令你不必经历无尽的沮丧就能获得成功。哈里是零售和零售培训的大师，但更重要的是，他是极少数有能力把知识以有趣的方式传播的天才。哈里享受于提升销售从业人员，他们也愿意倾听哈里的演讲。现在，他们会喜欢哈里的肺腑之言。

哈里从顾客进店之前要做什么讲起，详细讲述诱导顾客购买的所有关键要素，并且提供售后事务的教练。无论你是卖什么的，哈里绝对讲出了你所应知的提升销售业绩的方法。

哈里希望你能成功。在这本书中，他清除了所有的障碍，提供了富有洞见的销售指导和引人入胜的阅读体验。他打开了他的赢利方法和充满前景的百宝箱。哈里介绍了关键的用词、适当的姿态以及迅速成交的有效行为。并且，他揭示了顾客在想什么，想看什么，需要确认什么。

他对于顾客心理的理解和阐释简直是棒极了。哈里运用来源于真实场景的对话，从细节讲到大局，揭示了销售洗脑的强大技巧。

如果你认真阅读这本书，你的销售生涯将迎来一个千载难逢的转机。我预言，你会爱不释手地一页一页读下去，你会挖到哈里知识里的金子。如果你在零售行业，或者是其他需要潜移默化地影响他人的行业，你会发现这本书不只是一本行动路线图，它带来了一次契机，可以永远地改变你和他人的生活。

理查德·埃哈特

InterTAN（RadioShackInternational）前副总裁

01

不做准备，不进卖场

从空井中取水是如此困难。

NO THANKS, I'M JUST LOOKING

Sales Techniques for Turning Shoppers into Buyers

在 1989 年 3 月的一篇文章里，布赖恩·伊·卡登创造了一个新的销售术语，即“消费者精神分裂症”。他指出：这可能是自 20 世纪 50 年代大众营销运动以来消费者行为里最重要的变化。

简单地说，人们购买的方式表现为精神分裂症的症状。例如：

你拥有一辆昂贵的进口汽车，但是却去一个廉价的自助服务加油站加油。

你在买知名品牌的冰激凌，同时，也买小品牌的狗粮或无品牌的东西。

你穿定制的衣服，却选择买折扣玩具。

今天的销售与过去有显著的不同，有两个主要原因。第一，人们往往对在什么地方花钱很谨慎，渴望最好的质量和最好的服务。第二，与此同时，人们对消费非常小心，现在比以前有更多的消费品，有更多的媒体广告去宣传它们，而且还有网络。因此，所有这些使得销售员在面对顾客有限的收入时，会产生激烈的竞争。

人们并不真正需要豪华小汽车或者钻石手链，但是他们需要特定商品，需要用它在特殊场合表达他们的爱、激动和高兴。毕竟，为别人或者自己找到合适的礼物是件令人兴奋的事。作为一个专业的销售员，你的目标是让客户渴望拥有你的商品。那才叫销售。

专业销售员成功的因素已不是秘密，可以用三个词概括：

（1）准备

（2）准备

（3）准备

准备好你个人的情绪和专业知识，知道你的商品和价格结构，了解你的竞争对手正在做什么——这是所有成功销售的必要因素。

聪明人下笨功夫

1974 年，我成为一名飞行员。在成为飞行员的过程中，我学会的第一件事情是准备每次的飞行，即预先检查或预飞检查。

为了飞行员安全，预先检查包括许多保障飞行安全的基本任务，例如检查燃油，确保罗盘正常运行，查看机身有没有凹痕和小孔，以及进行其他的基本检查，以防止飞机从空中坠毁，摔成一堆废铝。对我来说，这些都挺不错的。

小心翼翼地对待这些关键项目能帮助飞行员成长为一名成熟的飞行员。航空界有一个说法：飞行员分为老飞行员和大胆的飞行员（大胆的飞行员指的是没有检查基础设备就进入飞机的飞行员），但是，没有既老又大胆的飞行员。同样，销售员也分为业绩突出的和有勇无谋的，但有勇无谋的销售员不会一直都业绩突出。

许多销售人员仅仅想学习销售最深刻最重要的步骤，比如怎样成交和减少被拒绝的可能，如何增加销量。没有人喜欢做文书工作或盘点工作，销售中这些部分是很乏味的。但是每项工作都有乏味的任务，为了获得成功，必须把这些任务做好。

在销售工作中，做好重复性的、看似无聊的、需要耐心准备的零碎工作，这会为你在卖场成功打下坚实的基础。

专业的销售工作开始于准备和知识；反过来说，这会给你自信，让你能够掌控整个销售过程。

有些准备工作只需要几分钟，但是必须每天重复。这意味着你需要在到达商店或见到客户之前就进入工作状态，以便你有时间做起飞前的准备。

部分准备工作要求投入更多的时间，可以在工作结束后或者休息日完成。长期的准备工作将有助于你的整体工作，就像日常预检有助于你的工作一样。我们将在这一章的后面讨论这个。

不论日常的还是长期的，做好准备将帮助你成为你最专业的销售员，使你在跟顾客打交道时，不会面临“紧急迫降”。

记住顾客服务的20条黄金法则

零售业是一个有趣的行业。众所周知，那些提供高水平顾客服务的公司不仅活着，而且生意兴隆；而那些不能提供良好服务的，已经不存在了。很简单，对不对？

错！当我在世界旅行的时候，我经常惊讶于有大量的销售人员为顾客提供很少甚至基本不提供服务。我们都经常光顾固定的商店或餐馆，因为我们喜欢那儿工作人员的服务：当地咖啡店的服务员能叫出你的名字，准确知道你说话的意思，比如“和平常一样，艾丽斯”；干洗店的职员能准确知道你想如何清洗衣服、熨衣服，而且确保他们每次都会这么做，并及时完成。

最近，我去为我的好朋友买礼物。这个特别的商店非常忙，因此，购物之前，我有机会观察销售员的工作。有两位销售人员在柜台工作，其中一位是中年妇女，穿戴整齐，看起来很职业，另一位稍年轻一些，约 20 岁出头。她穿得不那么职业，但有一个专业的外貌。

我一边等待一边观察络绎不绝的顾客，我对第一位女士的行为感到很沮丧，她不笑，回答问题很简单；相反，年轻一点的女士不停做入账工作，她满面笑容，叫着顾客的名字，她花时间帮一位忙碌的男顾客包装礼品，你认为我会选择去谁那儿埋单呢？毫无疑问！良好的、基本的客户服务过程是不可替代的。

我概括了 20 条客户服务黄金法则，多年实践证明这些法则最有效，他们能确保客户在你的商店及和在你一起时感觉很放松和舒服。试一试，也要敢于做不同的行为。

1. 把产品卖给第一位客户

零售能变成陷阱：如果你不能把产品卖给跟你交谈的顾客，你还可以卖给别人，这同样有价值。如果你想过，为什么我不能卖给第一位顾客，你就不会掉入这个陷阱。从失败中吸取经验比从成功中更有效。

你能直视我的眼睛，并且不眨眼地告诉我，对于每一位你交谈过的顾客，你都力争达成销售，或者为他跑腿，提供服务吗？我表示怀疑。顾客不是，且永远不是打断你工作的因素，他们就是你的工作。他们就是你第一时间出现在那里的理由。

我真的相信这是我成功的原因之一。我很少关心人们将买什么东西，而是关心他们在做什么。每个人都是我扩大客户群的机会。如果我不能经常去收银台（帮顾客交款），我会疯的。“你有多好？”的答案在于你以高转化率将逛商店的人变成购买者的能力，而不仅仅是你给收银台送去了多少钱。

管理者将成千上万美元花在了贮货、选址和广告上。没有比把货品卖给每一个进门的人，不让他们逃脱更有意义的事情，对吧？另外，从成本角度考虑，吸引每位顾客进门都是有成本的。举个例子，在钢琴或浴缸业中，每家店做广告和吸引顾客进门的费用可能有 200 美元之多。在传统购物中心的商店里，这个数字可能低到 10 美元。**任何情况下，每个没有买你产品的人的成本会转嫁给下一位进来的顾客。**因此，假如你不能把钢琴卖给这个看钢琴的人，200 美元的成本就被转嫁到下一位进来的顾客身上，下一个销售机会的成本就变成了 400 美元！你会知道，由于你没有努力地卖东西给每个人，生意是多么容易失败！

2. 不要把私人问题带入卖场

当你是别家的顾客时，你期望得到及时帮助和礼貌对待——这能表明自己很受重视。不论你在某天心情好坏，你的顾客应受的接待、需求和期望不亚于此。

调整情绪并不总是很容易，尤其是你刚经历在上班的路上爆胎了，你正处青春期的孩子昨晚与你发生争吵了，或者你被你的主管冷落了等事情。无论怎么样，你的顾客有权得到最好的服务，就如同你在其他的商店得到的服务一样。

不要指望购物者能顾及你的个人情绪，假如你把坏情绪表露出来，你自己和公司会给顾客留下不好的印象。无论遇到什么问题，都表现如常，这是专业销售的基础要求。

3. 不要在卖场里扎堆

想象这样一幅场景：某天，你在商店里，周围非常安静，你只好听时钟嘀嗒声娱乐。上午，你和同事站在收银台周围，热烈地讨论昨晚的重大比赛。你如此投入这一重要的讨论，因此你说个不停，直到你看到有顾客走进店里。

她看起来不像潜在的客户；她并不专注于任何特定的商品，似乎只是漫无目的地浏览，没有要求帮助，她的发型看起来有点不对头。你和同事继续聊天，顾客在店内溜达了一会儿，然后离开了。

跟别的销售员聊天很容易，特别是在不忙的时候。然而，那不是你在卖场该做的事情。当顾客需要帮助时，他们对打断销售人员之间的个人或工作话题会感觉不安。对打断你们谈话感到不安的顾客最后可能因为被忽略而很生气。

你无法控制顾客进门，假如他带着不愉快的情绪离开，你肯定不可能再把他拉回来。你总能找到时间跟朋友和同事们侃大山，但是，我们要清楚：在卖场这样做不合适，尤其当有顾客在商店的时候。不要让顾客有这样的感觉：你和同伴的聊天比他们更重要。

记住：身处卖场，没有任何事情比你的顾客更重要。所有卖场人员应该知道，在任何人走进来的时候，不管话题多么重要，聊天必须停止。

4. 关注每一位顾客的存在

每位走进店里的顾客都要以某种方式迎接——最起码，一个简单的“你好”。这样做是向顾客传达一种友好的感觉，清楚地表明你知道他们正在等待，意味着你马上就会向他们提供服务。

一位顾客在需要帮助的时候，不可能总是求助于销售人员。也许是因为她感觉尴尬或者因为她不想打扰看起来忙碌的销售人员，或者也许在那个时候她就开始不喜欢销售人员。即使你正忙于其他事情，当顾客等待你注意他时，迅速给他们一个回应，这有助于让他们对你和你的商店产生正面的态度。

为了真正了解这一点，想象一下上次你在家里办聚会。你在和一位客人聊天，在你视线的余光处，你看见一位朋友走进来。即使你不能从目前的交谈中抽身，我确信，一个眼神示意，点一下头或者挥一下手，就表示注意到了家里新客人的存在。在商场和在家里没有什么不同。

留意顾客也会带来有益的副作用：在零售商店里，它是对盗窃的头号威慑。当你正视走进商店的人们时，他们不太可能企图偷走任何商品。

5. 永远不要以貌取人

你曾经遇见看过一眼就不喜欢的人吗？你见过一打招呼就喜欢上的人吗？在销售的世界里，人与人之间的化学反应是非常重要的。

你曾经将进店的顾客分为也许不会买、非常可能不会买、绝不会买，甚至是连“买”这个字都不会写的人吗？

好，我承认我总是在观察顾客，预判他们是否会去买，以及会花多少钱买。现在，我仍然这样做，但跟以前有所不同。我现在的方式和其他销售人员可能仅有一点不同。现在，我的意见并不会对我接待或服务顾客的方式产生影响。在我职业生涯的早期，我浪费了太多的时间在外貌的基础上去做判断。即使购买的可能性不高，我也不再像一个垂头丧气的失败者，而是像一个懵懂无知的新手，竭力给进店的客人推销产品。

排序不分前后，销售员的十大偏见是：

（1）服装品质

（2）年龄

（3）性别

（4）外国口音

（5）本地口音

（6）种族或宗教

（7）举止

（8）五官

（9）体重

（10）发型

还有一个没有列在上面，但很可能是最大的偏见：有的顾客一周来三次，但没有买任何东西。

现在我的乐趣是看看我的直觉对不对。这是一场游戏。当客人第一次走进来的时候，我先猜测，然后疯了似的推销，什么都不顾。我想看看我的直觉是不是对的。假如你像我一样，痴迷于销售的乐趣，想把东西卖给每个人，你肯定像我一样也想玩这个游戏。

6. 不要侵犯顾客的个人空间

要特别留心感受客户把什么视为他的个人空间。有些人从你们一开始交谈，就能感觉到你的友善；但有些人在你们太接近时——身体或其他方面，会感觉不舒服。在你行为特别友好之前，你必须赢得客人的信任。不要去赌博。

个人空间可以定义为与别人在身体上和语言上的舒适距离。对于某些人来说，他们物理上的个人空间大约是60厘米；但在同一个店内，与别的人保持这个个人空间可能太近了。为了促成销售，我们会讨论许多关于物理距离及其含义的话题。

从语言上，有些事你要主动避免，以免冒犯客户。在开始一段陈述的时候，不要使用你的名字或者询问顾客的名字。在一开始就直呼其名，对于大多数顾客来说，都过于失礼，顾客们往往喜欢保持匿名直到他们决定购买。然而，在探询和展示的过程中，交换姓名就变得非常重要。时机决定一切！

我通过友好测试去获得顾客的名字，以得到该和顾客相处正式点儿还是随意点儿的暗示。报上自己名字，看看顾客是否回应。可以简单地说，“顺便说一下，我叫哈里”，然后等着回应。回应有三种可能。如果顾客说：“我叫简。”表明顾客对你称呼她“简”感到愉快。如果顾客说：“我姓史密斯。”你就可以叫她的姓，但是最好更正式些。或者她可能说：“好的。”这样的顾客可能是超强抗拒型，你就可以减少无用功了。假如她不以自己的名字回应，你必须尊重她的私人空间。

关键是有些人只会在室外与人相处时才更觉随意和舒服。叫我“弗里德曼先生”时，我很少回应。我跟谁都称自己“哈里”。有一次，我们聚会庆祝公司成立10周年，我邀请我父亲参加。当我向同事介绍他时，有人说“见到你很高兴，弗里德曼先生”，我父亲回答“我不是弗里德曼先生，那是我的父亲”。我猜这是遗传。

当我们在考察打开和探询环节时，直觉是积极交流的重要部分，你从顾客的身体语言和回应你的语言和动作的方式，能了解很多讯息。许多机会丢掉了，就是因为侵犯了顾客的个人空间，而且是在无意识的状态下。

7. 正确地称呼不同顾客

在销售行业有一个经典的结论，那就是避免使用“先生”或“夫人”。

最近，我想买一些碟子，我去了一家装潢高档的商店，我以为在这个精致、古典的小店里，我会得到更好的服务。选定样式后，我问一个售货员今天能不能买到所有我想要的东西。

售货员的回答是“我查一下，先生”。我后退了一步。售货员转过来说：“不，先生，我们商店没有足够的货，但我们能为你预订，先生！”

我不能忍受任何人在任何时间以任何理由叫我“先生”。每天我醒来，在照镜子之前，我觉得自己只有 18 岁。我知道人们仅仅只是出于礼貌，但是我已问过成千上万参加我课程的人们，问他们是否喜欢被叫作“先生”或“夫人”，95% 的人都讨厌如此称呼。这样会使年轻人或者中年人感觉更老，会提醒他们承认竭力掩盖的年龄。当比你年长的销售员叫你“先生”的时候，给人感觉他是故意做出屈尊的样子。相信我，别称呼顾客“先生”和“夫人”，只要做到礼貌这一点就够了。

8. 对于顾客不要滥用同情心

你从事的是销售行业，并非心理咨询业。**老练的顾客有各种各样的故事等着你，让你掉入陷阱，相信价格太高，或是他们不太想要，或者是请求破例一次。**同情心是对顾客的感受感到抱歉，移情是了解他的感觉（喜欢走进商店），但是不买东西。如果不明白两者之间的不同，你就会做出错误判断。许多销售员丢掉机会，就是因为他们觉得对不住顾客，他们感觉卖东西给顾客是不对的。

假如顾客对于是否要花钱买一样东西优柔寡断，其原因是再买就要刷爆信用卡了，或更需要给孩子买鞋，或洗碗机刚刚罢工，多数销售员表示同情，并告诉顾客完全能够理解，希望在情况好转时，他们能再回来。但我不这样，我会充满同情地说："我知道你的意思。当我感觉我不应该花钱时，唯一能让我感觉好一些的事情就是花更多的钱，你为什么不试试呢？"

9. 倾听客户的想法，而不仅是他们的话

顾客不可能总是很清楚她想买的商品的准确的或技术性的参数。销售员常对了解行业术语感到自豪。这会产生危险的冲突。举个例子，一位顾客曾经问我他购买何种型号的 DVD 去播放我的销售培训视频。对我而言，可以轻松地回应，我的光盘都是 DVD 格式的，用 DVD 器播放就可以了，但为什么会造

成她的误解呢？当然，让她知道区别很重要，但这是在我完成销售之后，而不是之前说这些。

话语是微妙的。你不能保证听到相同话语的两个人相信他们听到的意思相同。了解你的产品，用心倾听，你就能明了顾客的意思，并为她提供服务，而不会失去一桩生意。

话语也能让你摆脱困境。我曾经为几个家具店做销售培训，学习结束后参观了其中的一个店。当然，销售人员为了考验我，把下一位进门的顾客转交给我了。我从没来过这个店，我不知道任何东西放置的地方，我完全没有掌握任何细节，我在准备不足的情况下为顾客服务。但有 8 位销售员等着看销售大师在他们眼前失败，我不得不接受挑战。

一位女士走到我面前说，她正在寻找一个 davenport（长沙发）。在我的生活里，从来没有听说过 davenport 这个单词，我是土生的加州人，显然，这是中西部说“沙发”（sofa）的方式。“好的，在你找到你真正喜欢的 davenport 之前，你都看过什么样式的？”她说：“哦，这次我想要一个 2 米长的。”我立刻排除了她要买灯的可能性。想法，不仅仅是语言，别忘了！（顺便说一句，我销售成功了。）

10. 不要使用专业术语

每个行业都发展出了一套专业术语以更好地描述产品，防止误解和混淆。例如，在电脑行业里，有“兆字节”“内存”之类的术语；在珠宝行业里，有“内含物”和“折射”。在同领域里，这些专业术语令行业内的沟通变得容易，然而，它们也让那些对行业术语完全没有感觉的顾客迷糊。在介绍中使用专业术语时，多数情况顾客不会问它们是什么意思。于是，就出现了一个漏洞，许多顾客不愿去搞清这些术语，他们选择离开。

假设一个家伙决定开始慢跑，他有 15 年没有买过运动鞋了，他对于运动鞋昂贵的成本和复杂的技术没有概念。他试穿一双，营业员提示鞋底夹层是 EVA 材质，顾客一听到 EVA，就立即觉得还是想想再买吧。

他离开商店，看看邻居穿的是哪种慢跑鞋，然后，他在别家店里买了双相同的鞋。假如销售员没有想当然地认为每位顾客知道 EVA 的意思，他可以解释 EVA 的优点，让自己成为帮助顾客做决策的朋友，而不是让他的邻居帮他做决策。

让你的语言简单、易懂。假如你需要使用行业术语，确保你在同时做出解释。例如："这个 MP3 播放器有 32G 的内存。那意味着，它能存 8 000 首歌。"

这个规则有两点例外：（1）女销售人员或年轻的男销售人员；（2）受过专业教育的顾客。

社会一般认为女人不知道任何专业技术（事实并非如此），因此，女人需要在最初的介绍中抛出一点行话来塑造自己的专业形象。我不知道我是否会从一个嘴上没毛的销售员那里买一套娱乐设备，但他开始谈论总谐波失真，我不仅会喜欢设备，也会更信任他。

对于受过专业教育的顾客，偶尔说一些相当或略高于他们水平的信息，能获得他们的尊敬。但是，总的来说，你应该恭维他们的知识："太好了，我终于找到懂行、能和我交流的人了。"

11. 让客户感觉一切尽在掌握

当顾客走进商店的时候，他们肯定有一种拥有权力的感觉。他们是顾客，因此感觉自己一切尽在掌握。多年以来，他们信奉这个谚语"顾客总是正确的"，我们需要他们甚于他们需要我们，因此我们要服务好他们。顾客也是人，有可能会粗鲁无礼、大声喧哗，可能触发你的负面情绪，但是告诉顾客他们错了，我肯定会丢掉成千上万美元的单子。

现在，我相信我有解决办法了，能够向这些人卖出他们想要商品数量的两倍。我在卖场服务，不考虑顾客正确与否。毕竟，**我宁愿错而收入丰厚，也不愿正确但没有销售。**

12. 永远不要打断你的客户

如果你像我在演讲时一样，忍不住热情过头，打断顾客强调某一句话，或者是纠正他们的想法。这个行为的负面影响就是失去顾客。

人们感觉自己很重要。当你打断他们时，你就是在说他们不重要。轮到你说话的时候再说，这样你更可能做成生意。我过去常在我的手指上紧紧地缠上创可贴，有时缠得太紧，以至于手指受伤，这样做只是为了提醒自己闭嘴，让顾客说话。

13. 客户说话就意味着购买

一般人每分钟说 125~150 个单词，从生理角度，你每分钟能听完 1 000 个单词。因此，当某人以每分钟 150 个单词的频率与你谈话时，剩下的时间能做什么？你可能会分心，集中注意力变得非常困难。我建议你多听少说，你将会更投入。注意，你有两只耳朵，但只有一张嘴巴！**当顾客正在说话时，在某种意义上，他也就是正在打算购买。当他保持缄默的时候，你就麻烦了。**

14. 交流应该是双向的

你曾经试过与那些一言不发的顾客交谈吗？有质量的提问总是诞生好的介绍。具有高效的提问能力，对甄选顾客是必要的。当别的都没用时，让顾客开口说话是促使成交的最简单的方式。我知道这听起来很荒谬，但不管你处于谈话的什么阶段，这样就把压力推到了顾客一方，他们会开始告诉你他的感觉。

举例而言，你在介绍重要的卖点：“另外一件重要的事情是……”没有回应。“还有一件事是……”沉默。你最后的举措是：“需要包起来吗？”哦！他迅速开始说起来。

15. 让你的顾客喜欢和信任你

在一个聚会上，主人把鲍勃介绍给别人："鲍勃，这是玛丽。玛丽，这是鲍勃。"玛丽立即开始长篇大论："鲍勃，你不会相信我的一天是如何度过的！今天早上车轮爆胎，那仅仅是一个开始……"唠唠叨叨，说个没完。一会儿，当鲍勃礼貌地从交谈中抽身时，主人问他觉得玛丽怎么样，鲍勃回答是"讨厌"。

接着，主人把鲍勃介绍给其他人："鲍勃，我想把你介绍给萨拉认识。萨拉，这是鲍勃。"鲍勃说："你好。"接着退到一边了，他害怕碰到另一个玛丽。萨拉说："鲍勃，你还好吗？"这次，鲍勃，口若悬河地说了 15 分钟，没让萨拉说一个字。过了一会儿，当主人问鲍勃萨拉怎么样时，他回答："她很了不起。"主人问萨拉都说了什么，鲍勃回答："我不知道，但我喜欢她。"这个故事的寓意是什么呢？**让顾客喜欢你、信任你的最简单的方法是让他说话。**毕竟，你已经知道你所知道的。顾客知道什么很重要，你的任务是让他说出来。

16. 总是看起来很专业

当顾客走进商店，在你跟她说话之前，她已经对环境、商品和你都形成了初步印象。购物者的感受可能受许多超出你所控制事情的影响，比如她的心情、私人问题或者对公司的成见等。所以，尽力做好你自己所能控制的部分非常重要。

商店以及在商店里提供服务的人需要有一个得体的形象。显然，看起来需要修整的商店不如展厅和橱窗整齐、干净、明亮的商店吸引人。营业员也需要穿着得体，行动友好，举止礼貌。

15 岁半时我在销售业得到第一份工作。当时我正处于狂迷长发的高潮之中，我不得不在同伴压力和销售之间做出选择。我真的想留长发，但我更想挣钱。因此，我能理解年轻人是多么不想为了一份收入微薄的工作而放弃新潮装扮。

不久前，在某体育用品零售店我不得不直面这个问题，他们的雇员中约 80% 是高中年龄的孩子。我们在店里举行了一场有关着装的开放讨论，我说道："我不介意你是否留橘色尖锥形发式，只要它完美、整齐就行！"他们马上心领神会。后来，我最终让他们决定新的着装应该是什么样的。他们提出黑色裤子、领带。

我是这么看的，我倾向于尊重顾客，因此，在零售中，穿着打扮要比日常稍正式一点。我从不相信你应该穿得跟顾客差不多，以使他们感觉更舒适。我曾拜访一个自行车商店，他们的销售人员穿着牛仔短裤、网球鞋，以及印着我从没听说过的摇滚乐队名字的 T 恤。如果你的销售对象是 20 岁以下的顾客，这很合适，但是假如我想进来，花 1 500 美元买一辆自行车会如何？**你的穿着要让尽可能少的顾客感觉不快。**

假如我马上要回到卖场，我会打一个红色的领结，穿红色的吊带裤。那将使我与众不同。即使顾客不记得我的名字，至少他会想起那个打红色领结的家伙。

17. 掌控局面

如果对顾客不闻不问，顾客会在商店里空溜达，疑惑得不到解答，大多数时候的结果就是没有销售。假如以下几点做到位的话，在任何销售中都能掌控局面。

- 完全了解销售过程
- 熟悉关于顾客的知识
- 熟悉关于产品的知识
- 完全了解你的商品及它们摆在哪里

即兴销售会带来问题。当你即兴为之，你会很难掌控交易，不会使你的顾客感觉购买的过程很舒服。

18. 善于发现购买信号

业余销售想知道顾客会不会买。专业人士知道他们会买，唯一的问题是买什么、花多少钱。确定购买信号来源于知识和经验的积累。我知道许多销售人员有 20 年的经验，不幸的是，其实他们真正的经验只有 1 年，剩下 19 年都在重复。每年，别人都在成长，从错误中吸取教训，获得新的知识。那些选择和你交易的人会有意识地或潜意识地希望拥有你所卖的商品。因此，除非你有一个水晶球，否则就假设每个人都会买，并开始你的销售旅程去发现他们想买什么。

19. 热情地销售，不管你喜欢还是讨厌

卖你喜欢的商品当然比卖你不喜欢的商品更容易。你在展示某些你认为没有替代品的商品时可能会觉得非常兴奋，或者你已经疲于销售那些有大量库存的商品，只想展示新的货品。

重要的是顾客想要什么，不是你喜欢的，或者是你认为是最好的。**当你能用销售你所钟爱商品的热情来卖你个人不喜欢的商品的时候，你就能自称专业销售人士了。**

你可能喜爱你的商店里的某件东西，因为你被它从原始状态变成奇妙的形状展示在货架上的过程所吸引。举个例子，钻石经历数百万年后在地球的深处成形，经过开采、切割，批发商、分销商之手，才能华丽地出现在顾客手上，你可能觉得这个过程很酷。

假如你销售珠宝和手表，你的顾客可能是用攒了许多年的钱来买你着迷的东西。你能发现自己对于他们购买平凡的商品有些失望或无所谓。尽管如此，顾客是进来购买他想要的东西，你不能让你的观点影响到顾客所珍视的东西。假如顾客想买手表，你需要用像展示钻石时的能量和热情来介绍它。

不论顾客来买乏味的还是令人兴奋的商品，是买过时的

还是最新款式的，是极度奢侈的还是廉价的东西，你都要保留自己的意见，倾听顾客的需求。在你帮助他选择时，展示你的热情。

商店的采购有的时候像嗑了药似的，晕乎乎的。当然，这是我的理论。**首先，厂家认为这足够好，值得生产；其次，采购也认为很好，并且替商店购买。我的工作是卖出商品，而不是表达对某种商品是否有偏好，直到采购问我替商店买什么为止。**坦白说，假如你想知道我最喜欢哪种商品，答案肯定是卖得最快的商品。

20. 随着不同的音乐起舞

一个伟大的销售人员不会每次用同样的方式对待顾客，而是有技巧地随机应变，适应不同风格及节奏的顾客。你不必每次在和新的顾客交谈时都重塑你自己，也不必发展多种个性。尽管如此，正在跳狐步舞的顾客不可能对迪斯科的拍子回应非常积极，进取型的人可能不喜欢非常保守的方法。

我记得教过一个年轻的销售新人怎样叩开销售之门。他看着我用一种非常华丽的方式招呼 20 岁出头的情侣。轮到他时，他用同样的方法接待一对 60 岁左右的夫妇，结果失败了。问题不在于多么了解你的顾客，而是至少要看着他们、倾听他们、准备你的介绍语，用这样的方式使他们感觉舒服，这会带来巨大的收益。

一天，我走近一个顾客，问他在干什么，他转向我说：“你是第三个问我这个问题的。”我盯着他的眼睛说：“嗨，哥们儿，我不知道你去过什么地方，跟什么人聊过，但我是个好人。”然后，我转向商店里其他销售人员说：“对吗，伙计们？”所有人齐声回答：“他是个好人！”这个人笑了，最终购买商品了。舞蹈要适合不同的音乐。

专业销售员的四种职业

多年前，我发现自己像沃尔·米提（一个梦想做其他工作的人），当我在卖场时，把自己伪装成与众不同的人。这个伪装很有趣。我发现作为一个专业销售人员，有时在卖场里，我显得像在从事其他行业一样。当我把自己与其他行业结合起来，我看见了我成功可能性的显著变化。以下是我经常使用的四种职业。

画家

真正能够把你的商店与其他人的区别开来的唯一事情是你自己。你知道这个人正在阅读。**将你与其他零售人员区别开来的唯一事情是你关于产品、人的知识，以及你在介绍产品知识和表达自我时的精彩词语。**

就像画家使用画笔和画布创造令人振奋的艺术作品，销售员用言语创造激情以及顾客对他们产品的渴望。无论你是描述光彩夺目的宝石，还是具有独特优势的变焦镜头相机，或者某件服装的式样与闪光点，你需要用你的词汇表拼起一幅图画，点燃你的顾客心中的购买之火。

这意味着你必须对顾客做出准确的评估，因此，你要有能力用她感觉舒服的方式与她交流。一位凡·高型的顾客不可能对一个迷恋毕加索的销售人员感到放松。

用话语为你的商品绘制一幅图画需要对产品和服务有透彻的认识。除非你已花费时间学习你所需的知识，否则，你何以有底气说你的产品足以耐用一辈子或者它是来自巴黎的最新款式?

对顾客的评估和对商品的评估同样重要，如此，你才能清晰地表达自己。你的语言能力将使你能够介绍产品以满足顾客的独特需求，能够让你的陈述活泼生动、引人入胜和令人兴奋。

这是一个介绍商品的示范例子，是我一个学生在销售课上做鞋子的介绍。我做了简单变化去创造激情。学生说："这些鞋子都是皮的，很柔软，穿上很舒服。"我把它变为："也就是说，当你穿这些鞋子时，你将面露微笑，因为这些鞋子的优点之一是它们柔软的小牛皮，当你穿上它们，它们将随脚型而变，给你一种定制的感觉，穿上定制鞋行走是一种乐趣，难道你不这么认为吗？"

建筑师

十几年前，我开发了一个达成销售的路线图，它为我以及无数零售人员提供了很好的服务。它们被亲切地称为“七步成交法”。看到以下的八条，不要以为被愚弄了。预先检查是一个介绍性的步骤，不包含在我的七个步骤之内，但它肯定不是最不重要的。

（1）预先检查
（2）打开销售
（3）探询
（4）展示
（5）试探成交
（6）处理客户异议
（7）成交
（8）确认和邀请

每步都有目的和需要达成的目标。当这些目标实现时，你就赢得了迈向下一步的权利，然后下一步，接着下一步。正如建筑师建造大楼是从打好地基开始，然后向上建造，一个符合逻辑的步骤将把逛街者变成购买者（下几章的主题）。为了得到顾客的最大价值，你必须制订计划并遵循它，不要不喜欢按计划行事。

为什么顾客想买这个商品？它是自己使用，还是送人的礼物？使用它的人的年龄多大、是男是女？会如何用它？它是会被照常规使用，还是用新的、不寻常的方式使用？难道你平常都是在不知道这些问题答案的情形下，光顾着自己滔滔不绝地讲吗？

作为销售大厦的建筑师，你想与顾客发展关系，并且获得你所想要的信息以把逛街者变成购买者。获得这些信息优于向顾客做展示，因为需要构筑坚固的销售地基。没有这些，你可能错过关键点，跳过逻辑的顺序，或者是相当于在没有装天花板之前铺地板。

我最喜欢的一个例子，是发生在销售介绍的开始阶段。假设你在一个鞋店工作，刚接待完一个顾客，另一个顾客从货架上拿着一只鞋子走到你面前，问你是否有 38 码的鞋子。这时你会做什么？ 90% 的销售人员将会去查库存。

这里，销售人员打破了建筑师的规则，不按计划行事。去取鞋子就是一个实证。打开话题和试探会发生什么？你说过“你好”或“你今天过得怎么样”了吗？你能告诉我为什么顾客想要这双鞋子，或他将穿什么来配这双鞋吗？他的脚量过吗？**专业销售员建立和发展关系，按顾客意愿匹配商品，他们不是光站在那里、取东西。**

在打开销售时，你将学习面对面谈话的价值。这个谈话将为接下来的介绍创造情绪环境。假如你想在后面打破抵触，发展信任，这一步就不可忽视。

顾问

我当了卖场顾问，结果发现每个怪异的、不高兴的、疯狂的或抱怨连连的顾客只想要我的帮助！听起来很熟悉？

顾问让客户斜倚着沙发，说出自己的问题，就能够赚取大把的钱，你只需要一遍一遍地重复说三个字“再说说”。你能想象吗？ 1 小时 200 美元就因为这三个字？然而，它确实是让人们告诉你关于他们自己和他们的需要的有效方式。

“再说说”能诱导顾客说出希望购买商品的信息。例如，假如你弄清楚了顾客进来购买某种商品的根本需求，你就能提出建议，你建议的可能比买主原来的设想更满足他的需求。

如今，“共鸣”一词在销售中很关键。使用“再说说”能够引起一种共鸣，让顾客在没有顾虑的情况下敞开他们的心扉。它也让你从顾客的角度看事情。当你能够从他们的立场出发，你的顾客将会放松，感觉更好，允许你去为他们提供帮助。

当遇到退货、换货的顾客时，“再说说”尤其有用。你知道这一类型的顾客，在顾客开车到你的商店那一刻起，他就期待一场战斗。他砰地关上车门，喘着粗气过来见你。你说“你好”，他就开始抱怨了，“这件货不好，我讨厌它，你们让我买了我不想要的东西”，等等。你死死地盯着他的眼睛，真诚地看着他的脸，说：“你在开玩笑吧，再说说。”我向你保证，他会冷静下来找到一个合理的音调，因此，你能处理好这个问题。即使你不能，尽可能多地让顾客把怒气和挫折感发泄出来，然后，把问题转给其他人处理，顾客不太可能以这种复仇似的愤怒再来一遍。

既然你代表公司，进来等待退货的人可能需要你来交涉。你用“再说说”的技巧能把生气的顾客转变成对你和商店产生好感的人。这样做也代表着你是替顾客说话，而不是为商店说话，从长远来看，这对成交有利。

娱乐明星

作为一名顾客，你是否听过不那么专业的介绍？我打赌你听过。

现在，想一想，一个艺人是多么频繁地表演相同的节目或唱相同的歌。举个例子，托尼·贝内特是个演员，他成名了几十年。他保持活力在很大程度上是由于他的天赋。然而，他的长期成功也是他的信念——每次在舞台上都要提供一流的表演。

你能想象托尼·贝内特唱过多少次他的热门歌曲《我的心丢在了旧金山》吗？我敢打赌，自从他那盘超级专辑出版后，他每年的每次表演都在唱，而且在他的有生之年还将如此。每次他在观众面前表演，他都会遇到如果听不到那首歌就会失望的人。

我记得去尼尔·戴蒙德的音乐会（我有他所有的专辑），在近 3 个小时的时间里，他唱了 36 首热门歌曲，这些歌曲我都知道。但他并没有唱我期待的那首歌，因此，晚会有一点点没有达到我的期望。

你认为托尼·贝内特或其他演员喜欢一遍又一遍唱相同的歌？毫无疑问，他们宁可接受挑战或唱不同的新歌，正如你喜欢把旧货品放在后面，在前面展示新品一样。

你的顾客有权每次都享受明星级别的待遇。

你介绍了多少次，你觉得商品是多么平凡并不重要。你即使已介绍过数百或上千次了，你还要保证你的介绍词如第一次那样新鲜和令人激动。

特别提示：我觉得演出的精神是如此重要，所以，我们的公司——弗里德曼集团，制作了演出提示，每个员工在所有的官方活动中必须别上“演出”的胸针。任何时候，如果问他们“现在是什么时间？”员工必须回答“演出时间”，否则会被罚款 25 美元。假如你不相信我，问我或公司任何员工“现在是什么时间”，假如回答不是“演出时间”——你那天就将得到一张支票（你不能指望任何人有现金）。

每日的预检

• 有没有顾客向你要一件商品，你去拿，却发现它不在那儿？

• 有没有顾客告诉你这件商品在另一个店里也有，且更便宜，你不知道是不是这样，或是否更便宜？

• 你有没有因为价签脱落，无法告知顾客价格而卡壳的情形？

• 有没有遇到收银机里没有了纸带或是付款凭单用完了的情形?

有几百个原因导致你丢掉生意，我们正处在并将继续处在竞争激烈的业态中。

完成销售很困难，更别说因为缺少信息和缺乏准备了！

假如商店经理没有准备一张清单让你在进入卖场前做好准备，我建议你自己做一个清单。记住——知识就是力量。

你可以做好四大类的事情，以提高你成交的概率。每天都在这上面努力会让你获得比成功或失败更多的东西。

记住价格将会让你受益

你在卖场与顾客交谈，正当交谈看起来逐渐热络时，顾客问你展台上商品的价格。你甚至对价格在什么范围内都没有印象，更别说准确的价格了，因此，你必须打开展台的锁去查清楚。

同时，顾客开始看其他的东西，或他没有足够的时间等你折腾，更糟的是，他认为你也许没有成功地卖出过一件商品，因为，你明显对它们不熟悉。**当你不知道价格的时候，可能的结果是顾客的兴趣大大降低——即使价格令人满意。**

当你找钥匙，或花时间打开展台去查询商品价格的时候，顾客的兴趣常常会由热转冷。假如你知道价格而不必去查对时，你就保持住了交流的状态。你不值得冒损失生意的风险，仅仅因为你没有记住价格。

以下是为何记住价格对你如此重要的其他15个理由：

（1）能让你在顾客满意的价格范围内推荐产品；

（2）假如某产品脱销，让你推荐其他产品变得更容易；

（3）节约大量时间；

（4）让你看起来像顾客期待的那样专业；

（5）增加你的自信；

（6）增加你的可信度；

（7）你能更快、更有效地进行电话报价；

（8）假如标签脱落，你能贴上去；

（9）增加了安全性——你知道价签被更换了；

（10）达成销售更容易；

（11）生意紧张时有帮助；

（12）你能更容易发现错误的调价或价格不正确的商品；

（13）增加顾客对你的信心；

（14）让你知道你是否与竞争对手价格一致；

（15）对于分期付款的商品，你能迅速提供还款金额。

第 15 条是我的最爱之一。当可以选择分期付款时，3 000 美元的货品和 3 500 美元的货品的月付可能也就差几美元。你不是多卖了 500 美元，而是每月仅仅多卖了 5 美元。处理分期付款业务的销售员计算月付的能力很有必要。你在报价上投入的精力越多，顾客在付款时也就越顺利。

了解竞争对手可以让你受益匪浅

了解跟你竞争客户口袋里的钱的人或产品的一切信息，是让你成为成功、专业销售员的捷径。

绝不要草率地认为你没有任何竞争对手。你不光面临销售同类产品的人的竞争，也面临市场上大量其他商品的竞争，他们也会抢走你顾客手中的可支配收入。

如今，许多事情都在分散顾客的注意力，你知道的人们在哪儿花钱的信息越少，你说服顾客购买你的产品的可能性就越小。

想想这些问题：

- 你所服务的公司的竞争口号是什么？
- 竞争性的商品是什么？

• 跟你的竞争对手相比，你的商品或销售策略有什么区别？

• 竞争对手提供相关服务吗？服务质量如何？

• 竞争对手的价格结构是什么？

• 竞争对手的相同或相似的商品销售价格是多少？

这可能是你面对具体销售情境的部分回答。有了对这些问题的回答，你就能更加流畅地处理顾客的此类问题了。了解竞争对手也有一些个人原因，比如如何增强信心，信心能够大大地帮助你提升销售。

参观你的竞争对手的商店，索要他们的目录，跟那些购买了他们商品的顾客交谈，阅读他们在报纸上刊登的所有广告。收集这种信息对任何专业销售员的成功都至关重要，因为明白你周围是怎么回事会让你处于优势地位。

为什么了解你的竞争对手会使你受益？以下就是理由：

• 你比顾客更了解竞争对手。

• 你有能力把他们卖的商品转变成你卖的。

• 你会知道如何进行堆头（时机、定价等）。

• 你将知道竞争对手如何评论你的商店（当然，从不说他们坏话）。

• 你能获得对货品及陈列的灵感。

• 你能提示顾客将会看到什么。

- 你能发现行业趋势。
- 你将知道市场上都是什么品牌。
- 你将获得行业的专业知识。
- 你将知道他们的信用计划。
- 你能提供具有竞争力的价格。
- 你将增加你的个人信心。
- 你能成为顾客期待的专家。
- 你能增加顾客购买的概率。

熟悉产品知识使你受益

产品知识是否比销售知识更重要，这个问题长期以来都有争论。事实上你不应该二选一，而是应该兼顾两者。

> 专业销售员必须精通专业的销售技术和策略，并且对了解产品的知识足够多，才能自信地回答顾客的问题。

只要勤奋，学会相关知识，聪明地回答顾客的问题，不会花费很长的时间。某件商品的特殊特征是什么？一件商品与相似价格或质量的商品对比，有什么区别？你的产品是如何工作的？生产厂家提供的保修规定是什么？你的公司提供的保修特点是什么？它有什么需要特别关照或维护的？

当你在一个商店购物，结果你比销售人员知道得都多，你是不是讨厌这种情形？顾客期待你在你所售卖的产品方面是一个权威人士，当你证明你就是他们所期待的专家时，他们会很欣慰。

你应该每天努力学习产品知识，下面是15个为何产品知识会令你受益的理由。

（1）它让你成为顾客所期待的专业人员；

（2）它给你个人信心；

（3）你能骄傲地展示产品；

（4）你能更有效率地处理问题；

（5）节约时间；

（6）它能让你在调货时更有信心；

（7）你能更有效地决定潜在的赠品；

（8）允许你在有准备的情形下帮助顾客；

（9）你能提供清洁或保养建议；

（10）你能通知熟客新品和创新点；

（11）让你能回答技术问题；

（12）它会使顾客信任你；

（13）你的介绍将会更加自如；

（14）你能提供定制介绍；

（15）你能更好满足顾客的需求或要求。

假如你的商店没有一个学习产品知识的体系，去问同事、门店经理或者采购，或是写信给供货商。不要让任何人阻止你成为专业人士。

巡店将会如何使你受益

你记得在商店工作的第一天吗？是不是很迷惑，感觉找不到方向？顾客问你某商品在哪儿，你感觉很无助、没有希望、失控。当你对商店、库存、陈列以及文件等没有了解时，有这些感觉很自然。几周后，你如果找到了窍门，感觉就好多了。

但是商店一直在变化，新商品进进出出，陈列在变化。你需要跟上变化，继续增加对商店的控制。

在绝大多数的伟大职业中，人们在工作之前要进行一番巡查，外科医生会检查手术刀是否都已放好。水暖工会检查卡车，确信需要的工具都在那儿。学校老师确信有足够多份数的考试卷。歌手会进行发声测试。你呢？如果上午 10 点开始工作，你 10 点准时到场是不行的。这似乎是在说教。我可以告诉你我的亲身经历，由于我没有提前到位并且进行检查，而导致多么糟糕的状况。

这里有 15 条理由说明为什么在正式上班之前你必须巡店。

（1）让你知道什么时间你需要进货；

（2）你能把放错位置的商品放回正确位置；

（3）你将知道新产品来了；

（4）你能迅速为顾客找到合适的商品；

（5）你能发现维修问题或需要家政服务；

（6）你能纠正店内的广告牌；

（7）你将知道哪种商品在减价或者被移走了；

（8）你将知道热销货物的库存；

（9）你能为每天需要做的事情安排优先顺序；

（10）你能发现需要变化或轮换的展品；

（11）你能找出新的店内促销海报及媒体广告；

（12）你能发现不相配的产品；

（13）你将会注意到潜在的或实际上的偷窃问题；

（14）你能关注到照明需求（灯没开和错误的指示灯等）；

（15）你将准备开始营业（文件工作和记录库存）。

没有比准备更重要的事情

成为一个专业的销售人员所需要的技巧，与成为一个成功的医生、律师或水暖工所需要的技巧一样，可以通过付出时间、精力和努力来获得。

成功的关键是组织和准备，没有比这更重要的事情。准备意味着：

进行日常预检，分配每天你在卖场的任务，会让你更自信、更有见识。

你的成功完全依赖你的沟通技巧、你的知识及你的热情。

当你做好准备，你会知道你在卖场要做的事：

销售

你知道做事的最好时间：

现在

你知道现在是什么时刻：

表演时间！

要点回顾

- 作为一个销售人员，你的成功完全依靠你开拓客户、与他们沟通、满足他们需求的能力。
- 太多销售人员很专业，他们像服务员。他们做了大量的例行公事，但他们没有开发特殊技能，多做一点点，多做些功课，或者发展他们的客户。
- 今天的销售与过去的显著不同，有两个主要原因：人们对自己在哪儿花钱日趋谨慎，如今有了更多的消费品，这让商家对顾客可支配收入的竞争更加激烈。
- 作为一名专业销售人员，其成功秘诀可用三个词概括：准备、准备、准备。
- 在零售业里，进行辛苦、烦琐的预检能为你在卖场的成功打下基础。

• 日常预检有 10 个关键因素：把产品卖给每位顾客；把私人问题留在商店外；不要在卖场扎堆；注意每位顾客的存在；永不以貌取人；不要侵犯顾客的个人空间；不要打扰顾客；总是看起来很专业；展示商品，不管你喜不喜欢它；随着不同的音乐起舞。

• 大范围的预检需要投入大量的时间和精力，可能需要在下班后和休息日做。

• 一个伟大的推销员不会用相同的方式联系不同的顾客，他有技巧去适应环境、风格以及每位购物者的节奏，像画家、建筑师、顾问和明星一样行动。

• 每天都要走出卖场与顾客互动，以建立你的信心。在不太忙的时候，抓紧时间增强自己的能力以应付忙时。

• 做好准备，你永远不要忘了你今天来是做什么——销售；销售的最好时间——现在；现在刚好是什么时刻——表演时间！

02

开启销售的关键步骤

销售中最关键的步骤就是你的开场白。

我很少听到或读到关于如何开启销售的话题。似乎所有关于销售的讲座和书说的都是成交或应对拒绝，对于我认为的零售中最主要的失败原因——无法开启销售——都是一带而过。

开启销售主要关注两个因素：艺术和科学。科学部分的内容包括我们从经验中得知的打开销售的所有事情，艺术部分是你自己的个性。一个外科手术能够修复你的鼻子，这关乎科学；但它却没法保证你的鼻子好看，因为这关乎艺术。首先我们来看看关于如何打开销售的实例吧。

为什么很多人排斥销售员

如果你有非常糟糕的经历，它会储存在你的心里。当某些事情恰巧唤起你对糟糕经历的回忆的时候，你会在不知道自己在干什么的情形下做出反应。下面有 6 个这样的例子：

（1）一个小女孩在 4 岁的时候从马上摔了下来，现在她 30 岁了，她不想跟朋友们出去骑马。

（2）在我 16 岁的时候我买了一辆福特牌的小汽车。我花了很多钱去修它，费了很大劲才还完了修车的钱。现在我 35 岁了，我想买车，但我不会考虑福特牌的汽车了。

（3）小时候，妈妈强迫我把饭吃完，恰巧那个菜是鱼。我现在一点也不喜欢吃鱼了。

（4）我在一个游泳池头朝下跳水，我的头撞到了池底。5 年之后，我还是不会以跳水姿势入池。

（5）我走进一家商店为一个很重要的场合选择套装。销售员在业务知识上很弱，但很有进取心，甚至有一些进攻性。我再也不喜欢销售员了。

（6）我想买保险。销售员给我的建议看起来不错。我征求一个朋友的意见，发现销售员并没有给我最好的建议。我现在不信任销售员了。（想一想这真不是错。）

还有很多非常好、非常科学的表达支持这一理论：

- 有因必有果。
- 每一个举动必然会导致一个反方向的对等反应。

• 每个刺激必有回应。

• 这些都与打开销售密切相关。

不要从一开始就导致消极反应

销售的要点在于避免刺激你的顾客的消极反应。下面这个问题，我在无数个关于销售的演讲和研讨会上问过：“你们中的多少人对销售员有糟糕的记忆？你们中有多少人基本不喜欢销售员？”人们不喜欢销售员。（人们不认识你，但他们不喜欢你，这种感觉不好吧。）下面是销售员不受欢迎的原因：

• 当顾客真的需要什么的时候，他往往找不到。

• 销售员卖给顾客他们不需要的东西，或者卖给顾客错误的东西。

• 销售员过于轻浮或是急于成交。

• 销售员对于商品没有足够的了解。

• 顾客需要更多的时间做决定，但销售员一直催促成交。

• 顾客觉得销售员的作用无关紧要。

上述情形令销售员蒙羞，但所有的例子都是真事，每天都在零售的世界中发生。你不需要通过资格考试或是获得执照以成为一名销售员。因为事实如此，所以打开销售就更加困难了。你现在的工作是越过所有抵触情绪才有机会发展关系，完成销售。

开启销售首先要化解抵触情绪

当顾客心存对销售员的负面情绪时，销售员跟顾客打招呼，会发生什么？你觉得自己能够预测大多数情形吗？你打赌你可以："谢谢，我只想看看。"令人惊讶的是，有许许多多的销售员听到过这话，但从不想办法去跨越这一答复。我不是告诉你，一旦你听到这句话如何去应对；我的意思是如何从一开始就避免这种反应。有一次，我在逛商店的时候，一个销售员跟我说："你在找什么东西，还是就看看？"这家伙简直是在梦游，我甚至有扇他一个耳光的冲动，让他从梦中醒来。

建立朋友关系，而不是销售关系

人与人之间的朋友关系是我所提到的销售关系的反面。想想你最近的一次在商店的情形。你能想起来你与销售员之间是哪种关系吗？或者，你做一下这个练习：写下你常去的商店和遇到的销售员的名字，无论是因为个人关系或是因为糟糕的服务。

上述过程都是由开启销售的那一刻开始的。在开始的时候花上额外的几秒钟，你就能收获一个不光享受这一过程，并且可能打开钱包花更多钱的顾客。

开场白一定不要谈及销售

如果你以做生意的姿态迎接顾客，你会收到条件反射性的、拒绝性的回应，比如“我只是看看”或者类似的什么话。令人吃惊的是，大多数时候，顾客们甚至不知道他们在说什么。这是一种条件反射，但是顾客知道自己在做这种反应。它让售货员走开——谢谢你了。

我敢肯定你会同意，迎上顾客并说“我能为您做些什么”或“请问您有什么需要”会更好一些。好吧，它确实会有用。但事实上，10 个顾客中只有 3 个知道自己到底想要什么；或者，这种问法会对去麦当劳的顾客有用，但是对于商店中的大多数顾客肯定没用，商店里的许多顾客真的不需要你的商品。所以，创造一个开放式对话的第一法则是：

> 开场白一定不要谈及销售。

你必须完全理解第一句打招呼的话不能与销售相关，否则就不要继续往下读这本书了。**你要是一开口就与销售有关，就好比你的头顶上有一个标语：“别相信我，我是一个销售员。”**如果说不与销售有关的开场白会更加有效，那么，许多人经常用到、提到的“销售方法”就是无效的。

所有的销售技巧都是无效的

我的哥哥给我打电话，告诉我他刚买了一个500美元的网球拍。我心想，对一个脑袋顽固的人来说，这种选择是可以理解的。我不喜欢网球，我发现他跟我说的东西有些难以理解——因为他并不是一个好选手。我是一个潜水爱好者，我需要一个新面罩和新通气管。当我走进运动用品商店时，我很兴奋就要得到一个新面罩了。不过，店面的前面陈列的是什么？你一定知道——是网球拍。我停下来了，并且拿起了什么？没错，就是一个价值500美元的网球拍——就是我哥哥买的那一款。我仔细地研究起球拍，看看里面是不是有一个马达，或者什么置入式的装置能够帮我哥哥把球打得更好，一个销售员马上冒出来，并且走过来问我，“它漂亮吗？我敢保证不管你现在球打得怎么样，它都会帮你提高水平。”想知道那一刻在我想做什么吗？扭头就走。白痴，我根本不想买网球拍。

有一名非常出色的销售员告诉了我她第一次在卖场做销售的情景。她刚从助理职位调到卖场。看到一名顾客走进来后，她心里开始准备开口说第一句话。这名顾客在埋头看商店前面陈列橱里的风铃。她走过去，为了打开对话，她说：“我看你对我们这些漂亮的风铃很感兴趣。”那个人怎么回答的？他说：“我是木匠，有人让我来修这个橱柜。”

首先，仅仅根据顾客眼睛盯着什么或停在哪里，你不能断定这个顾客想买什么，或者是他为什么进来。其次，在作为你生活一部分的商店里，一个人进来了，你连“你好”都不说一声就开始推销，是很粗鲁的。**所谓的推销技巧是很懒惰的，它很可能毁掉而不是加强关系。**

当然，如果你只想卖给走进你的商店十之二三的顾客，你可以用这种方法，因为总有那么两三个人知道他们想要什么，他们甚至拒绝和你交流——无论你把东西放得多乱。

总结起来，销售中最糟糕的5句开场白如下：

（1）我能帮什么忙？

（2）你在找什么呢？

（3）你有什么问题吗？

（4）你知道我们卖什么吗？

（5）我们刚进了新货，非常棒，对吧？

从前面关于客服的章节，你知道了让客户开口说话的重要性。因此，开启销售的第二条法则是：

开场白应该是鼓励交流的问话。

在打破抵触情绪的过程中，人与人的交流是最关键的因素，那些例行公事的话对你开启销售没任何帮助。试着幽默一点，让你的提问有意思，但千万不要忘了，第一句打招呼的话应该是一个提问。

大约 15 年前，有一个女士推着婴儿车走进商店。你一定以为我会说："多漂亮的小宝贝。"听起来不错？不是这样的！这句话不是一个提问，也不会帮你消除抵触情绪。我是这么说的："哦，多漂亮的小宝贝啊，你从哪儿拿的？"我想，你肯定笑了吧？事实上，后来我一直在用那个开场白，一直用到现在。它总能得到精彩的回应。

并不说必须如此，但让你的提问尽可能开放非常重要；不要抛出封闭式的，可以简单地用"是"和"不是"回答的问题。努力用谁、什么、哪里、什么时候、为什么和怎么样来提问。

下面是一个封闭式提问：

销售员：商场的人还多吗？

顾客：不多。

一个开放式提问：

销售员：商场的人流现在是什么情况？

顾客：哦，我下午来的时候，简直像一个动物园，不过，现在的人少一些了。

你有没有想过，为什么你问顾客"外面天气怎么样"时，顾客说"我就是看看"。原因很简单，无趣的开场白不会使人产生交流欲望。所以，开场白的第三个法则是：

开场白应该独特、真诚、与众不同，能够勾起交流欲望。

这是最难的部分，足以区分普通销售员与销售高手。走遍世界，我宣传这个主张时遇到了困难。我希望我能说清楚这个定义。

人们如果不是把购物当作享受，就是当作一个巨大的痛苦。刚走进商店的人们没有什么不同。创造一种环境，让你的顾客能享受购物，或者是花上一大笔钱，岂不是很有意思？我相信你能够掌控整个谈话的走向。一切都取决于你。

如果与顾客进入对话的过程非常容易的话，那每个人都能做好，就不需要类似的学习了。人们发现很难甚至是不可能与顾客进入对话。部分原因是他们不想投入时间来进行这项工作。同时，销售人员忘了他们在工作之外是什么状态。你不可能成功地做到，在生活中是这种人，在卖场是另一种人。

第 2 条法则，我提到要用问题来鼓励交流。第 3 条法则，是独特、真诚、与众不同。虽然这些都是非常棒的法则，但我真没法儿教你开场白。**开场白之于零售，就像指纹的唯一性之于你。**

我的开场白风格是幽默。在多年的演讲生涯中，我经常谈到在每一次交谈中我是如何讲笑话或让人们发笑的。弗里德曼集团的总裁马琳·科德里，跟随我在零售领域工作多年。她的风格是：我会让你喜欢，因为我看起来是如此可靠和没有攻击性，你们不忍心拒绝与我谈话。像五根手指一样，每个人都不同。你必须强化你自己的风格，你自己觉得舒服的风格。在本章的末尾，你将会看到42种开场白。这些都是成功的经验。我之所以不敢保证它们有效，是因为只有你才能让它们真正活起来。

开启销售的秘密武器就是闲聊

开启销售的神秘武器是闲聊。它是指琐碎、随意的谈话。但不要认为在重要性上它也很小，它可是非常重要的。打破抵触情绪与顾客建立联系，最重要的就是闲聊。在本书的剩下的部分里，当我说到闲聊，我的意思就是要用到上面提到的开场白的三条法则（不谈销售、提问和独一无二）。**不要忘了，当你闲聊的时候，你不会失败。**

请不要跳过这一章，它非常重要。你和顾客开场对话的质量就是你开始陈述最重要的部分。当然，如果它不那么好，在接下来的陈述中，你也不用担心，因为接下来顾客就不会跟你说话，或者，你会发现你自己失控了（但愿不会如此）。

开启销售既是口头上的，也是身体上的

你有没有过走近一个顾客，一言不发，保持倾听，“我只是看看”，然后你自己问自己，“我该做什么？”，销售员和顾客之

间的互相排斥又一次得到验证。

或者想象一下这样的场景：你正忙于整理一件陈列品，商店里还有其他的两三个售货员。顾客会找谁问话呢？当然是你。为什么？因为你很忙，看起来不会急于成交或太有进攻性。顾客觉得他们可以打断你，他们的问题会得到回答，而且不会受到“伤害”。

不要冒犯顾客所认为的私人空间 人们需要和希望自由的充满个性化的购物。你接近一个顾客可能会被顾客认为是冒犯了私人空间。当你走近顾客的时候，下列三件事中的一件可能会发生：

（1）顾客转过脸以避免接触。

（2）顾客在你张口之前，先给出了反应，比如“我只是随便看看”。

（3）顾客告诉你想要什么，向你提问。

顾客面前的空间通常被认为是她自己的，因此任何接近那个空间的行为都被认为是一种冒犯。你可以穿过去，同时打招呼，或者与顾客平行行走，然后打招呼。千万不要待在她正要去的方向上。当然，你可能认为我是胡说。但是在练习这个技巧之后，你会信奉这一点的。

180 度的路过 当你接近顾客的时候，你手里得拿着东西。这会给顾客一个印象：因为你的手里拿着东西，所以你不会把他推到墙边，掏光他口袋里的钱。让自己看起来很忙是开场白中的一个关键策略。

180度的路过是我在开启销售时研发的最好的办法。它仅包括：走近顾客，说“你好”，路过他。然后，走出三四步，在一个安全的距离上转身，脸上露出探询的神态，说“我能问一个问题吗？”之类的话，大多数时候，顾客会转过来，向你走几步，说“当然可以”。当然，最大的问题是，你的问题是什么？剩下的就是你自己的事情了。我没法给你适合你风格的开场白，适合我的不一定适合你。对于那些不是那么擅长创新或者是实在想不出开场白的人来说，也不要绝望。在本章的末尾，我会告诉你你可以偷学的42种开场白。

让我们来复盘一下

你发现一名顾客走进商店。你手里拿起一个东西，朝他走去，与顾客平行行走。你的脸上有大大的笑容，你接近他，说“你好”。你在继续走，要经过他，你在期待他的回应。你转过身说“我可以问一个问题吗？”，顾客回答“当然可以”。然后，你说，“从你手里购物袋的数量，我想别的商场肯定有很多性价比高的商品。今天我得待在这里，我会错过多少好东西啊”。顾客通常会用令人舒适的谈话回应。比如：

销售员：从你手里购物袋的数量，我想别的商场肯定有很多性价比高的商品。今天我得待在这里，我会错过多少好东西啊。

顾客：没什么东西，真的没有。我们正好要去参加一场晚会，必须准备一些礼物。

至此，一个重要的决定是继续闲聊下去，还是谈生意。你的猜测是正确的，继续闲聊。多花30秒钟与顾客闲聊的结果是，随着你和顾客建立起某种关系，他脸上的痛苦、拒绝就会消失。

销售员：晚会！听起来很棒。要是这个晚会是为你而开的就更好玩了吧？

保持这一进程

任何时候，如果你有机会与顾客保持非商务性的交谈，请继续。他们想这样。这会让他们感觉特别，并且非常有趣。人们喜欢别人因私人缘故对他感兴趣。没有人喜欢被视为一个数字或者仅仅是一个顾客。

下面是关于如何保持谈话的范例：

销售员：早上商场刚开门的时候，我看到你了。你逛了多长时间了？

顾客：逛了一天了！我有亲戚要从外地过来看我，我想把所有的东西都准备好。

销售员：哦，亲戚！有好多东西要准备吧？他们什么

时候来啊？（诸如此类的话）

销售员：好大一盒饼干啊！给谁买的？

顾客：我女儿在上学，我要给她送些东西过去。

销售员：太棒了！说起来，我最期待礼物用褐色纸包装了。她在什么学校上学啊？（诸如此类的话）

销售员：哦，看起来今天全家都来了。你们在忙什么呢？

顾客：我们在大采购。我们刚买了新房子，准备马上装修呢。

销售员：太棒了！买房一直是我的梦想。你们在哪买的房？（诸如此类的话）

销售员：早上好，你有时间去投票吗？

顾客：没有，一早我就一直在买东西，我在找一些与众不同的耳饰。上周我刚把头发剪短，我的旧耳饰戴着看起来很搞笑。

销售员：剪头发了，看起来很棒。你怎么想起剪这个发型呢？（诸如此类的话）

进入销售：转换的过程

经过短时间的个人交流后，进入谈生意的阶段，并且可以开始试探了。我进行过各种各样的实验和研究，但我一直使用同一个提问来转换："今天你怎么想到来我们店的？"

这句话完美地进行了转换工作。还可以说，"是什么吸引你进了哈里斯商店"，或者干脆说"是什么把你带进来了"，这些句子都有效。这个提问非常棒，因为它不仅允许开放性的答案，而且它足够开放，能够让顾客放开。因为你想与顾客交流，让他们跟你说话，像"你在找什么东西吗？"这样的话，根本不会起作用。

假如在闲聊之后，你使用了转换句"今天你怎么想到来我们店的？"然后，你还是得到了一个拒绝性的回应，比如说"我只是看看"，那现在怎么办呢？

顾客都很聪明，他们十分清楚如何令店员放过他们，他们练习过多次。迅速出声拒绝，并且摆出一副臭脸，顾客能让任何店员走开。他们说什么？当然就是"我只是看看"。下面是5句最常用的：

（1）我只是看看。

（2）我只是随便看看。

（3）我只是来看看这里有什么。

（4）我是来消磨时间的。

（5）我老公（老婆）在隔壁买东西呢。

话说到这个份儿上了，你确实需要审视一下当下的情况。

你是路过顾客的，你闲聊了，你使用了转换提问，然后你还是得到这种反应。是的，这很正常。顾客自己可能也没有意识到她说了这句话。这句话是面对销售员的询问时的盾牌，这句话非常有效，几乎是一个本能的反应。有一次，玛林·科德里和我在一起在一个购物中心巡店时，我们就是这么说的。有一个店员走近玛林，玛林说："现在是我的午休时间。"我问她为什么这么说，她问："说什么？"然后，她告诉我，当她在一个购物中心工作的时候，她就是使用这个借口的；这个借口非常有效，她都用习惯了。

此时试图挽回局面的销售员很可能会用另一个错误来救场。为了对付顾客举起的防御盾牌，销售员经常说出下面的话：

- 您有什么问题随时问我。
- 我叫哈里，乐于为您效劳。

但在顾客听来，这些话的意思是这样的：

我叫哈里，是销售员。我在这儿等着呢，一旦你有问题可以找我这个销售员——一个只是想卖给你一些你不想要的东西的销售员。

让我们直面这种情况吧。顾客举起防御的盾牌，因为他们不喜欢销售员。解决问题的方法不是用销售员的身份提醒他，让他们更讨厌你，而是用下面的更好的办法。

消解

消解是消除顾客防卫盾牌的办法。它包括两个部分：

（1）随便看看也可以的。

（2）对顾客防卫盾牌的迅速重复，用提问的形式重复。

如下是对付最常见的5种盾牌的消解之道。

转换：今天你怎么想到来我们店的？

盾牌：我就是看看。

同意：挺有意思的。

消解：您在找什么呢？

转换：今天你怎么想到来我们店的？

盾牌：我就是随便逛一下。

同意：我也喜欢逛呢。

消解：您在找什么呢？

转换：今天你怎么想到来我们店的？

盾牌：我就是来看看这里有什么。

同意：好啊，随便看吧。

消解：你喜欢什么样的东西呢？（给这个人一个大大的笑脸）

转换：今天你怎么想到来我们店的？

盾牌：我就是打发时间。

同意：我们都有一些时间需要打发。

消解：您在打发时间的时候，都看些什么呢？

转换：今天你怎么想到来我们店的？

盾牌：我的老公正在隔壁购物呢。

同意：那么，你正好自己也可以买点东西。

消解：他在购物，您想找点儿什么呢？

你将会惊喜地看到这些办法多么有效。在大多数情况下，你的顾客会变得开放，你可以继续试探下去了。然而，我必须提醒你“今天什么吸引您过来的”是一个打探的提问，在经过了闲聊和转换环节之后，会更有效。当用作开场白时，它就等同于“我有什么能帮您的吗”，于是这个消解作用就发挥不了。

如果在你闲聊和使用了消解语言之后，你第二次听到了“我只是看看”。此时，你只有两件事情可做。一是把这名潜在的顾客转交给另一名销售员；二是，如果你有强烈的愿望，你就拿消解开玩笑。

转交 事实上，有些顾客在意你的长相、说话方式、行为方式、肤色、身高、体重或者你让他想起了讨厌的路易叔叔或艾丽斯阿姨。这些事情是在你控制之外的。如果你听到第二遍“我只是看看”，你只需要说“看吧”，然后就走开。接着另找一个看起来与你风格迥异的销售员，然后让他重新接近顾客吧。

有趣的消解 我厌恶失去任何一次销售机会。因此，我想了一些办法专门用在当第二次听到“我只是看看”的时候。

我问：“今天你怎么想到来我们店的？”顾客回答：“我只是看看。”我消解道：“那太棒了！你在找什么呢？”顾客说：“我只是看看。”然后，我把他带到同时贴有“我只是看看”和标有打折价签的商品前。我说：“多幸运啊，今天它打折。”或者，有时候我干脆把他们带到一个印有“2015 年 3 月 1 日，可以合法观看”的标语前。

另一个我喜欢提到的“破冰”记忆是在一家珠宝店工作的经历。一位老妇人走进来，我迎了上去。你肯定见过像她一样的老妇人。她有蓝色的头发，头上戴的帽子有动物皮毛装饰，而且动物的头还留在上面。我估计她已经连续喝了两三个星期了。我不知道开口应该说什么。你会对她说什么？我突然来灵感了。我直接走上去，问她：“现在你想做什么呢？”她回答：“跳舞。”我一把抱住她，边哼边和她跳起了华尔兹。她是一个甜美可爱的老妇人，恰巧喜欢众人瞩目。我的下一个举动能帮我摆脱与一个醉酒、蓝发老妇人的舞蹈。我问：“你想要什么能让你变得比现在更漂亮的东西吗？”“耳环！”她回答说。

我带着她迈着探戈的舞步走向了最贵的耳环所陈列的柜台，价格都在 500 美元以上。我把耳环从柜台里拿出，请她戴上试试。“不，这是违反规定的，不能试戴穿耳的耳环。”她关切地说。事实上，这并不违反规定，从来没有这个规定。销售员太懒了，所以不愿意让顾客这么做。事后需要做的，只不过是用酒精洗一下，以保证健康。我本可以这样跟蓝发老妇人解释一下，但是我想让她变得更兴奋，于是，我低声跟她说："我知道，但我们一起打破这个规定吧。"

最后，我卖给了她一副价值 500 美元的耳环，她开心地离开。这个故事的结局是，她恰巧是一个旅游大巴上的一员，而这个旅游大巴上有 50 多位跟她一样蓝发、醉醺醺的女士。那一天是我们全年销量最多的一天。

这个令人心动的办法非常有趣，但我提醒你：如果你觉得你做不到，就不要试了，把这个顾客转交给其他销售员就可以了。

一旦打开了顾客的话匣子

当人们觉得那个听他说话的人是真的对说的内容感兴趣时，他会觉得更加舒服。所以，让顾客开口比进行对话重要得多。

顾客跟你说得越多，就越是觉得跟你相处得自在。这时，你是一个人，而不是一个销售员。回忆一下你最近参加的派对，想想那些第一次与你见面的人。那些你新认识的人里，你最喜欢的人是问你问题最多、看起来非常在意你说什么的人。你的顾客也没什么两样。

个性化的回应

在你进行个性化回应的时候，有几个信号需要注意。

• **孩子**

任何时候，如果顾客带着孩子进来，显然你有话题可说了。哪个父母不喜欢谈及的孩子呢？如果孩子一直表现很好，或者孩子正在睡觉，不要仅仅说孩子多棒，而要问孩子多大了。

可以评论孩子的话说得多棒，评论他或她多么能干，或者父母所推婴儿车的功能如何。

注意，不要去猜测孩子的性别，因为你有一半的可能猜错。

• **有个性的衣服**

如果一名穿着某大学运动队服的顾客进来，就问他是不是去过那个学校，那个学校的校园如何，他有没有看昨晚的比赛，或者是他觉得这支队今年如何。不要表达你对那个学校或是校队的看法。就像我祖母说的那样“跟随音乐跳舞”一样，要跟随顾客的“音乐”。

• **车**

如果你恰好看到顾客开车进来，不管他的车是新的、旧的、少见的还是昂贵的，有机会的话可以聊聊。我们对自己的汽车总有一些可以自豪的地方。不管是什么车，顾客通常总是愿意聊上几句。

• **新闻**

最近世界上有没有发生过什么激动人心或是异常动荡的事情？在开场白中，可以说说最近的危机、太空探索、来访的外国政要，或者火山和地震之类的突发事件。聊时政的时候要注意，不要讨论那些太有争议性的事件。跟某些顾客聊市长或者别的什么政治人物的丑闻是有风险的。

• **度假**

很多人在假期时有度假计划，或是 3 天的旅游，或是跟亲人晚餐，或是待在家里休息和放松。如果假期来了，可以问一下顾客的度假计划。如果假期刚结束，可以问一下她是怎么度过的。

如果你没有线索

很多情形下，人们走进店里时，你并没有如何跟他开展对话的具体方法。为了避免找不到开场白，可以准备一些具有广泛吸引力的通用话题。你的兜里准备的开场白越多越好。

你自己的 100 个话题

你必须坐下来，写出 100 个你常用的开场白。为了防备你找不到开场白，我准备了如下 42 种开场白。没人能够替你准备你的开场白。你必须开发属于自己的开场白。它们必须是你自己创造的，因为你在说别人的开场白时会不自在。

（1）我们想进一批新地毯，你最喜欢哪个样品？

（2）（手里拿着几个小盒子路过）你好，能帮一下我吗？能把顶上的那个盒子往里推一推吗？哦，要是有一个掉了，它们就会全掉下来。

（3）朋友，我特想听一个新笑话。你最喜欢哪一个笑话？

（4）我想带我的老婆出去吃顿海鲜大餐。你有什么推荐吗？

（5）我看到你的女儿穿耳洞了，我的女儿跟她年龄差不多。穿耳洞疼吗？

（6）我看你穿着巡演夹克。昨天晚上的那个音乐会你去了吗？

（7）我可以问一个问题吗？你觉得在情人节女性是更喜欢巧克力，还是更喜欢花？

（8）我看到你刚从马路对面的美发店走出来。你用的哪位发型师？

（9）哦，今天外面真的很热，你想喝点什么吗？

（10）你拎的袋子看起来很重，你逛的时候需要我帮你提吗？

（11）我无意中听到你和朋友们在聊新电影，我也想看，这个电影怎么样？

（12）能帮一个忙吗？我妈妈想要一张她孩子正在努力

工作的照片。你能到那个柜台那儿帮我照一张吗?

（13）你有这个游戏的升级版吗？

（14）我注意到你的鞋子了，它们穿着舒服吗?

（15）我刚买了一些新的涂色书。你的宝贝们想试试吗?

（16）你看我戴这个帽子怎么样?

（17）今天我在计划我的度假安排呢，你都去过什么好玩儿的地方?

（18）你的小宝贝嘴真甜，他就要上小学了吧?

（19）你的发型真漂亮，是在哪儿剪的?

（20）今年高中篮球队打得怎么样?

（21）我看你开的是本田车，你觉得这个品牌的车怎么样?

（22）你看在中央大厅的表演了吗?

（23）今天的天气预报错了，真是令人扫兴，对吧?

（24）哦，该报税了。你是早就报完了，还是在最后一刻才把表邮出去?

（25）双胞胎！双倍的快乐，双倍的辛苦！他们多大了?

（26）你昨天的假日怎么过的?

（27）这一身真棒！你用了多长时间把这些金属片缝上去的?

（28）你的麻花辫真好看，你用多长时间编好的？

（29）一些小孩今天去麦当劳了。你家孩子一直喜欢麦当劳吗？我家孩子很喜欢。

（30）难以置信这么长时间没有下雨，你开始储水了吗？

（31）我看你穿着湖人队的队服。你觉得他们能进总决赛吗？

（32）我在店里忙了一整天。关于太空飞船，有什么新闻？

（33）这是一个三天的小长假，外面交通状况如何？

（34）健康的小麦色肤色。你是生来就这样吗，还是你刚刚度完假？

（35）彩票奖池里已经有6 200万元了，你买彩票了吗？

（36）昨晚你看格莱美了吗？

（37）哦，崭新的雪橇？你们打算去哪儿滑雪？

（38）你真是把书店搬到家里了，你都买了什么书？

（39）我可以问你的看法吗？顾客订了这个型号，你觉得是不是那个型号的也应该买了？

（40）看，破皮了，你的手怎么了？

（41）6个孩子，都是你的孩子吗？

（42）我们进行了一次小讨论。你觉得我们商店什么时候挂上节日装饰为好？

如何同时应对两位顾客

当顾客比销售员多时，怎么办？在许多零售场合，尤其在销售那些小件、高价的商品比如珠宝时，安全措施必须考虑在内。在那种情形中，你不能在物理动作上以一个人应付两位顾客。

设想，如果你在为顾客 A 服务的时候，顾客 B 进来了。你必须注意到顾客 B。如果你没有注意到，他很可能在没有任何人跟他打招呼的情况下离开。这代表潜在销售机会的丧失，而且是粗鲁无礼的。不过，顾客 A 可以是你的同盟。

用口头协议留住顾客

你怎样才能为自己找借口但又不激怒顾客 A 呢？用充分的爱和关注。你问顾客 A："能帮我一个小忙吗？"一般而言，对方的回答是："可以。"

"我跟另一个顾客打招呼的时候，您能稍等一会儿吗？我会马上回来。可以吗？"

你会听到顾客 A 说："好的。"在某种意义上，顾客 A 和你达成了一个他在原地不动的协议。

现在，你走向顾客 B，说："你好，能帮我一个小忙吗？"这个打招呼既是你的开场白，也是与顾客 B 订了一个口头的协议。他会用困惑的眼光看着你，并且想："我不知道是不是要帮助他，我才刚进来呢。”难以置信的是，尽管如此，顾客总是会说“好”。

然后，你说：“你能稍等一会儿吗？我招呼一下那边那个顾客，然后过来为您服务。这样可以吗？”假如顾客B说“好”（实际上经常如此），那么他就与你达成了一个口头协议，他不会离开，他会待在商店里，因为他跟你说过。

可以理解，有的顾客会说，“不，我马上要走了”，或者“我先到隔壁去看看，一会儿再回来”，或者诸如此类的。但绝大多数会说“好”。

在试图同时接待两位顾客时，使用口头协议会产生比常规做法好得多的效果。销售员正在为顾客A服务，顾客B进屋了，销售员转头对顾客B说：“我马上过来。”然后，他就继续和顾客A说话，不久，他发现顾客B走了。

为了回顾，让我们重温一遍口头协议的场景：

销售员：我们需要您的银行信息，填在这儿。

顾客A：我最讨厌填这些表格了。

销售员：哦，我知道你的意思。（看到了顾客B）抱歉，我可以走开一分钟吗？我想告诉那位先生，我一会儿就去为他服务。可以吗？

顾客A：当然可以。

销售员：谢谢。（走向顾客B）嗨，能帮个小忙吗？这位女士马上就要结束了，我一会儿就来为你服务。可以吗？

顾客B：好的。

销售员：谢谢。（回到顾客A）你把名字签在这个地方就行了。

下面是另一个场景：

顾客A：我想我的妹妹一定会在她的派对上铺上这块桌布。

销售员：从你描述的情况，我想一定会很棒。哦，对不起，我可以离开一小会儿吗？（转向B）女士，我这边一结束我就去为您服务。可以吗？

顾客B：好的。

销售员：谢谢你。（回到顾客A）让我在这张支票上抄下你的驾驶证号吧，然后您就可以去派对了。

口头协议之所以有效，是因为你在用极谦恭的态度请求人们帮你一个小忙。我想，你第一次使用这个办法，就能取得非常棒的效果。

带顾客去付款

开启销售可能是销售过程中最重要的部分，它是接下来的谈话能否发生的关键。通过有效的开场白，你能够化解客户的抵触情绪，增强询问探查性问题的能力。问问自己，此前在这个方面做得如何，是不是对此有过思考。

你的开场白是不是足够自信、有趣、机智呢？你与客户的关系是不是建立在正常的人与人交流的基础上的？无论是小孩还是成人，男人或女人，面对夫妇或是一群人，你的开场白是不是有效？如果你花时间记下 75~100 个开场白，并且勤加练习，你肯定会比以前更加频繁地站在收款台前带顾客付款。

要点回顾

• 为了有效地开启销售，要以一个出色的开场白开始，避免老套、陈腐的开场白，比如“有什么可以帮到您吗？”。

• 真正“只是看看”的顾客的比例是非常小的，因此，永远不要相信顾客“只是看看”。

• 传统售货流程包括跟顾客打招呼，向顾客介绍他们进店第一眼看到的货品，这在过去很棒，因为它允许销售员立刻向顾客展示商品。今天，它已经过时、无效了。

• 你的目标是避免销售员与顾客的销售关系，并以发展人与人的朋友关系取而代之，如此能够获得更好的回报。

• 有效开场白的两大关键是：

（1）打破顾客内心对销售员的抗拒心理；

（2）发展一种人与人之间的朋友关系，而不是销售员与顾客之间的销售关系。

• 实际上，假如你自我介绍为销售员，你是冒着从顾客那里获得负面反应的风险。一定要强制性地要求自己，不要表现得那么传统。

• 有效的开场白与销售无关，有效的开场白最好是抛出创造性的、不一样的、机智的问题，这样会鼓励交流。

• 避免问可以简单地用“是”和“不”来回答的问题，因为在这种交流中建立和谐关系的可能性极为渺茫。

• 如果你试图快速越过开场白，请慢下来，商品不会跑掉，顾客也不会。如今，销售员问平庸的问题或快速开启销售的机会并不多，任何销售员都在开发有效的开场白，为达成销售做充足准备。

• 如果你使用恭维性的话语，要非常小心，因为有可能伤及自身。如果你夸奖某人的衣服，请确定这件衣服确实很特殊。

• 人们在与真正倾听他们说话的人交流时，会觉得很舒适。至关重要的是让顾客说话，而不是由你来主导谈话。

• 竭力发掘各种线索令你与顾客的谈话个性化，比如，关注顾客的孩子与车，或者是时事与假日。

• 没人能教你开场白，你必须开发自己的开场白；它们必须属于你，由你使用，因为你在使用别人的开场白时会不自在。你需要付出与学习业务知识等同的时间来准备开场白。

• 为了克服单刀直入而导致的顾客抗拒，注意使用态度更友好、威胁性更小的方法。假如顾客不想让你走进她的私人空间，就要避免直接走近某人，用 180 度路过的方式接近。

• 顾客可能被忙碌的销售员所吸引，因为她觉得这样没有压力，或者认为这样她的问题能够得到迅速的回答。因此，要装作很忙。

• 从开场白转向探询最有效的方法是使用一个外延广泛的提问，让顾客告诉你他进店的真正原因，比如，“今天你怎么想到来我们这儿了？”。

• 想知道一个顾客是不是真的只是看看，可以使用“消解”法。当顾客说“我只是看看”时，你可以说“好啊。你刚才在看什么？”，这样就消解了盾牌。

• 花点时间与顾客闲聊建立信任关系非常重要，简单地走近顾客说“是什么把你带到这儿来了”，是无法消除他的抵触情绪的。

• 如果你执行了所有的步骤，还只是得到一句“我只是看看”，请把顾客转交给另外一位销售员吧。可能别人能够开启这个顾客的销售，这不是你的错，还有其他的顾客呢。

• 使用口头协定为两个顾客服务。问顾客 A：“能帮一个小忙吗？”对于这个问题的答案一般是“是”。“我跟那个顾客打个招呼，您能稍等一会儿吗？我会马上回来的。可以吗？”你会听到顾客 A 说：“好。”顾客 A 就跟你达成了一个协议等在那儿。

• 开启销售是整个过程中最重要的部分，是接下来的销售会不会发生的关键。经过有效的开场白，你可以减少阻力，增强询问探查性问题的能力。

• 如果你花点儿时间写下75~100个开场白，并且多加练习，你出现在收款台带顾客结账的次数会越来越多的。

03

购买动机的秘密

绝大多数销售员能够发现顾客想要什么。探询在第一时间帮助销售员找到顾客购买的真正个人动机。

NO THANKS,
I'M JUST LOOKING

Sales Techniques for
Turning Shoppers into Buyers

现在，你应该已经致力于开发自己的开场白，练得你可以自信、自如地面对顾客了。开场白是一项再怎么频繁地练习也不过分的重要步骤，但它仍然无法保证你赢得最终的销售，赚到你想要的佣金。

通过开场白，也许你知道了你的顾客想要什么，但你还是不知道为什么他想购买特定的商品。是为了一个特殊的场合，还是给一个很重要的员工，或者是他买给自己的？销售不只是确定顾客想要什么，销售比这复杂得多。

发现顾客最底层的购买动机

通过培养探询和发现顾客为什么想要特定物品的能力，你能够大幅度提高成交的机会。能够准确地找到潜在销售的根本原因，你就能在更短的时间内增加卖给顾客商品的概率。

为什么探询常比其他的步骤给销售员带来更多的苦恼？为什么探询如此之难？虽然我们喜欢相信例外，但没有两个顾客是完全相同的。探查顾客之间的区别，麻利地推荐适合的商品或替代品，是销售员的本职工作。

假设有两个不相关的顾客在买新大衣。顾客 A 可能在找一件昂贵的、适合晚宴场合的大衣，而顾客 B 可能在找不那么贵、穿着舒适、适合出门旅行的大衣。

两个顾客都是在找同一样东西——大衣；但是，非常明显，每个人的动机是不一样的。如果是由你来向她们展示，会发生什么？也许你会流失掉一个顾客，甚至是全部。**每一天，在销售这一行，由于不善于探询动机而丢掉的销售额成千上万，销售员们也在顾客身上浪费了大量的时间和精力。**

任何销售员都会问："您是在找大衣吗？"然后把顾客带到大衣的展架前，开始介绍。而专业的销售员会发现这位顾客买大衣的个人原因，在介绍的过程中，会让顾客感觉他的需要被个性化地满足了。

问问题的终极技巧

你对顾客了解越多，你就越能帮助他选择商品，并且卖给他。你也就更加能够推荐配件或附加商品，这样就能增加你的销售额，乃至你银行账户的存款数目。

探询不仅仅是问为什么

弄清楚为什么顾客想购买不是探询的唯一目的，探询的另两个同等重要的目的是：

（1）理解顾客的想法、需求和愿望；

（2）建立顾客对你的信任。

理解 移情思考有助于你对于顾客的想法、需求、愿望，甚至是希望、梦想、渴望的理解。你需要发展提好问题和发掘事实的能力。如果顾客对一个特殊的事物感到兴奋，你需要利用这种情绪，将其转化为销售，或增加销售。

如果你在为一次豪华且令人激动的假期购物的话，你会不会希望有人听你说话？有时跟别人分享你的旅行计划就能加倍你的快乐。因此，你的目标就变成了倾听、意会，尽可能地进入顾客的世界。人们都喜欢被倾听，不是吗？

信任 让顾客信任你也需要技巧和练习。建立信任是一项精致的技能。你无法通过快速宣讲或拷问顾客来建立信任。在探询的过程中，你所提问的数量与构建信任之间并没有必然的联系。

信任是通过你提问时关切的语调，和回答顾客提问时热情的支持来建立的。

你的顾客需要感觉到你真对她感兴趣，对她购物所要达成的愿望感兴趣。假如她不信任你，那么你在尝试向她卖东西时，就会很困难。相反，如果你能够在你和顾客之间发展信任的关系，她珍视你的建议、购买你所推荐商品的机会就会高很多，她购物金额甚至会超出预算很多。

培养你的发问技能

列出你的顾客的需要、要求和期望，探得尽可能多的信息以获得信任，你需要培养适当的技巧。在这一章，我们将会讨论三个已经证实有效的方法来理解顾客的动机，让他们信任作为销售员的你。

- 开放性回答、事实发现性的问题
- 问—答—支持法（QAS）
- 逻辑次序法

开放性、事实发现性的提问

想象一下，你发现卖场有两位顾客在看她们心仪的大衣。你或许知道这两个顾客的不同之处，但你仍然没有掌握足够的细节。顾客 A 中意貂皮吗？或者她也喜欢其他各类的皮毛？她喜欢长款的，还是更喜欢稍短一些的呢？

顾客 B 更喜欢什么类型的大衣呢？有兜帽的？还是有许

多小口袋的，这样她就可以装下必要的户外小工具，比如指南针、地图什么的？她喜欢什么颜色的？她买大衣是在什么气候下穿呢？

你能够找到这些问题的答案，甚至知道更多，假如你使用开放性式提问，这样你的顾客就无法用“是”或“不”来简单地回答。

英语赐予了我们6个神奇的词语和一个短语。它们是：

（1）谁（Who）

（2）什么（What）

（3）哪里（Where）

（4）为什么（Why）

（5）什么时候（When）

（6）如何（How）

（7）告诉我（Tell me）

与使用“封闭性回答”，如“你是不是……”“你可不可以……”相比，当你使用上述6个词之一提问，或者使用“告诉我”来开头，你会得到包含了大量额外有用信息的更完整的回答。

我不敢肯定这些是如何发生的，但当销售员进入卖场时，他们倾向于猜测顾客所需，或是给顾客建议，而不是去想着提一些广泛的、开放性的问题。

封闭性问题	开放性问题
你是买正装还是休闲装？	你喜欢什么风格的衣服？
你喜欢蓝色还是黄色？	你喜欢什么颜色？
你确定喜欢这个品牌吗？	你为什么选择这个品牌？
你想要一个有遥控功能的吗？	什么特性对你来说是最重要的？
是送人的，还是给自己买的？	你买来是送给谁的？
是为特殊场合购买的吗？	那是一个什么样的特别场合呢？
你喜欢有领的还是没领的？	你喜欢什么样的领子呢？
你喜欢上面有线条的吗？	你更喜欢什么样的线条？
你喜欢长大衣吗？	你喜欢多长的呢？
你在找什么特别的东西吗？	你在找什么？

问题的关键在于，使用封闭性提问，你得不到富有价值的、为什么顾客会购买的额外信息。取而代之的是，你仅仅得到了她想要的是什么的信息。

这里向你提出一个有趣的问题。你在选择一辆新汽车时，最重要的事情是什么？暂时先停止阅读，花点时间想想来回答这个问题。当我在研讨会上提出这个问题的时候，我得到的回答各不相同：

- 颜色
- 实惠
- 转手的价值

- 安全性
- 速度
- 时尚
- 舒适性

这些回答给了我们人们买车的个性化原因。有没有可能所有回答问题的人在寻找同一辆车？回答是有可能。问题在于，当顾客关注颜色的时候，你要让速度成为一个卖点；当顾客仅仅对油耗感兴趣的时候，你要让舒适性成为卖点。**一个好的提问者会想知道为什么顾客喜欢某一货品，为什么来你这儿来买。特别重要的一点是，你要把你个人喜欢或不喜欢某件货品的原因排除在外。**毕竟，你是来为顾客服务的，并不是在一个论坛上发表你的个人意见。

就像医生在开处方前要问诊，记者在写文章前要提问一样，专业的销售员必须有他们自己的提问方法来打开销售。不像开场白有成百上千种，好的探询问题方式是有限的。你可以反复使用它们。这些提问方式是非常实用的，你不用费劲地记就能使用它们。在卖场销售的节奏非常快，以至于你连思考下一个问题的时间都没有。那有点像看到红灯再想要采取什么举措，而忘了去踩刹车。

下面是一些我找到的最好的探询问题，把它们记住。我尽可能地列出更多的问题，但你们还是要在这个单子上补充你们自己的问题。事实上，你可以把其中的大多数问题用在每一位顾客的身上。

探询话术

谁

- 你帮谁买这个？
- 谁用这个用得最多？
- 谁帮你做这个购买决定的？
- 幸运者是谁？
- 你认识的人中，谁也有这个？
- 谁告诉你我们商店的？
- 谁会负责维护它？
- 谁最想拥有它？
- 还有谁会出席？
- 你最喜欢哪个厂家？
- 你的购物清单还有帮谁买的东西？

什么

- 今天是什么吸引你到我们店的？
- 特别的机缘是什么？
- 你已经有的那个是什么？（接下来问）这次你想做

什么？

- 什么要素对你来说很重要？
- 在你找到喜欢的那个之前，还看到了什么？
- 买了这个床垫，你还想配些什么？
- 你更喜欢什么颜色？
- 你更喜欢什么风格？
- 你希望它给你带来什么？
- 对于尺寸，你有什么要求？
- 你会把它放在哪个房间？
- 你想达到的视觉效果是什么？
- 你是做什么工作的？
- 在使用相机上，你有什么经验？
- 你觉得你的先生最喜欢的是什么？

哪里

- 你在哪里看到同样的东西？
- 它会被用在哪里？
- 你会到哪里旅行？
- 你住在哪里（或你是哪里人）？
- 这个特殊事件会发生在哪里？

什么时候

- 这场晚会什么时候开始？

- 在你喜欢上它之前，你什么时候看到过一样的？
- 什么时候，你决定自己也要买一个？
- 你什么时候开始购物的？
- 你什么时候想要拿到商品？
- 上次你买灯是什么时候？
- 你什么时候会用得最多？
- 你想什么时候开始用它？
- 上次有机会用它是什么时候？

如何

- 你听到别人是如何评论我们的？
- 你找到这个花了多长时间？
- 你想你的新沙发是什么样子的？
- 你经常买潜水装备吗？
- 你多长时间添置一次新衣？
- 这种情况下，你如何决定？
- 你会多长时间用一次？
- 你多长时间更换一次你的工作服？
- 多少人会用它？
- 你将如何展示它？

跟我说说

- 跟我说说你的丈夫（妻子、孩子等）。

• 跟我说说你的重新装修计划（旅游计划等）。

• 跟我说说你过去所遇到的问题或者是你所关心的东西。

• 再多说说。

为什么

• 为什么你喜欢羊毛的，而不是纯棉的？

• 为什么你想要一个蓝色的？

• 为什么你关注耐久性？

• 为什么喜欢那个型号或品牌？

如何使用“跟我说说”

“跟我说说”是诱导顾客告诉你他的购买动机的重要话术。比如你可以说，“跟我说说你的房子”。当然，如果你是销售休闲家具的，有一个好处就是，你可以知道顾客家的阳台有多大，你好知道家具的尺寸是否合适。但更重要的是，你从顾客那里得到的这些额外信息会让你有机会扩大销量，或者是让你的介绍能够更加精确详细。比如，你可能发现他是想给他的阳台增添家具，那么给基础的桌子和椅子配上休闲家具效果会非常好，或者你发现他们还需要一个豪华的烤肉装置或者是水疗床。这些可能性都值得去挖掘。

如何使用“为什么”

我把“为什么”放在这个列表的最下方。我碰到的大多数培训师都不喜欢用“为什么”。他们可能觉得问“为什么”过于私人，或者是有些太急于成交了，但没有什么比真相更重要。“为什么”是澄清者和校正者。如果顾客来到一家鞋店，想买细高跟的鞋，假如我不问她为什么喜欢细高跟鞋的话，我没法为她提供最好的服务。也许顾客会回答：“我整天站着，我感觉穿细跟的鞋会更舒服。”通过问“为什么”，我会帮顾客厘清想法，我也能为她提供更好的服务。你可以软化提问，比如在问题之前缀以“你知道，我很好奇……”，然后接着问“为什么”。当你非常真诚地提问时，顾客不会觉得你急于推销。

从不问顾客准备花“多少钱”

你是否有过走进一家商店，喜欢上了某件商品，然后花了比你原计划更多的钱的经历？我曾经有过。事实上，我专门研究了这件事。如果你也遇到过，你的顾客很可能也遇到过。**你的工作是创造顾客的需求，卖给他他真正想要的东西，而不是问顾客想要花多少钱。**

举个例子，如果顾客想花 500 美元，然而，如果你给顾客展示价值 1 000 美元的东西。他会不会说，他能接受的最高价格是 750 美元，多一个子儿都不要了。这样，就能多创造 50%

的销售额了，比你问的答案更高。如果你真的问了，就会限制了这种疯狂的结果。假如他主动说他想要花 500 美元，你给他介绍了 1 000 美元的商品，你就冒了急于求成的风险。如果你用科学方法来研究这个，你会发现重力法则显示，降落比上升容易多了。**真相是，最后顾客的口袋越空，你的口袋就越满。**

谨慎选择你的用语

你从第一章中知道，销售员要像一个画家，善于使用优美和清晰的词语表达想法。你的话语方式要介于诗人和卡车司机之间。小心的选择会显得你与众不同。比如，**在探询阶段，你从来不使用“买”或“需要”这样的词。用“看”来代替“买”，用“想”代替“需要”。**比如，不说“你想买一个沙发，找了多少时间？”而说“你们逛了多长时间看沙发？”；不说“你什么时候需要它？”而说“你什么时候想用上新沙发？”。你的用词选择能够软化你的提问，会鼓励昂贵、大胆的回答。

永远做好充分准备

我总觉得探询就像打高尔夫球。根据职业高尔夫球协会的规则，你的球袋里只能带 14 支球杆，不是 15 支或 16 支，最多就是 14 支。职业高尔夫球选手们在球场上，为了一次击球，携带 14 支球杆的情形有多少？当然是 100% 的带上全部球杆。职业选手们会让自己陷入不能用最合适的球杆进行一击的境地吗？当然不会。同样的，专业的销售员永远不会没有准备好所有的探询问题就走入卖场。探询问题之于销售员，就如同球杆之于高尔夫球选手。

构建信任的方法

许多心理学家和大思想家都提出了理论说明人们被购买所激励，从马斯洛、赫兹伯格到区分左右脑的那些理论家。

我想这些理论对于如何进行人际交流和卖出货物都具有价值。但是，因为零售业变化极快，因为绝大多数顾客天然的抗拒心理，我坚信我们必须坚守人们之所以购买的一些简单的理由。这些理由有两点：信任和价值。顾客必须信任你和你的商店，必须看到商品的价值。如果价值和信任建立了，销售就会水到渠成。价值是在介绍的时候进行深入的讨论，现在，让我们看看如何与顾客之间建立起信任关系。

人们需要被倾听、被注意。展示这个前提最简单的方法是，看看小孩子拉扯大人的裤子，他们或哭或喊或啜泣着不停地提出问题。这时，父母们吼回去，“等等”，“安静”，“现在不行”。孩子们就想被注意到。如果父母盯着孩子们的眼睛说“你想要什么？”，然后从孩子们那里得到答案，逐一处理他们的问题，孩子们马上就会回归正常，即使孩子们的要求没有立刻得到满足。

在 20 世纪 80 年代早期，我曾经在一家珠宝店接待一位顾客，听到过一位销售员的介绍。我所听到的内容永远地改变了我的销售教学。下面是部分对话。

闲谈了一会儿后，销售员开始提问。

销售员：今天怎么到我们店里来了？

顾客：我上周在夏威夷，看到了我很久以来看到过的最美的项链。

销售员：那个项链是什么样子的？

顾客：那是……

这个对话看起来简单而合逻辑。听完后，我觉得我与他不同，我可以在销售上打败那个销售员及其他的销售员。这个介绍错在哪里？

第一，如果顾客不是为上周去夏威夷而自豪，她怎么会提到夏威夷？顾客仍然处在旅行的高涨情绪中，还想跟她所遇到的人分享她的所见所闻。销售员选择了不听，或者是觉得那些不重要。

第二，对于顾客主动提到的信息，销售员没有给予支持或注意。如果顾客不想聊夏威夷，她也许会说“我上周看到了一个项链，我想看看这里有没有一个类似的”。我们看看下面的这个对话会如何进行：

销售员：今天怎么到我们店里来了？

顾客：我上周去夏威夷了，看到了我曾经见过的最美的项链。

销售员：夏威夷？那儿很棒。那个项链是什么样子的？

在这个例子中，你看到了对于夏威夷的回应，以及一个更加私人的对话。在第2章，我谈到过“延伸”。这是你介绍中非常重要的一部分。让我们来看看销售员该如何从这里延伸。

销售员：夏威夷？哦！你去了哪个岛？

顾客：毛伊岛。

销售员：我好羡慕啊。你在那儿待了几天？

顾客：两个星期。

销售员：你太幸运了！跟我说说毛伊岛吧，我一直想去呢。

她会继续细致地讲述毛伊岛这个主题，甚至会给你跳一段草裙舞。这几秒或几分钟，就是你介绍的内容。事实上，如果你花必要的时间去探询和延伸，你整个的介绍时间会减半。如果你跟顾客没有良好的关系，或者无法搞清楚顾客想要什么、为什么，销售中浪费的时间主要是在演示阶段，或者是处理不同的意见。现在，让我问你一个问题。与第一个迅速介入销售的对话相比，你是不是觉得第二个对话创造了更贴心、更具参与性的关系？

继续保持你的灵感，继续这个游戏。按下面的步骤：

想象一个你最亲密的朋友，你真正在意的朋友。他恰巧单身，目前他没有任何的约会对象。

你坐在卧室里，突然有人敲门。你打开门看到了你的朋友。当然，你会邀请他进来。然后，你说："怎么了？"你的朋友回答："昨晚我私奔了。"

如果你真想体会其中的乐趣，你跟一个朋友模仿下这个情境。如果你尝试了，可能会发生如下的情景：

你：你昨晚私奔了？你疯了吗？

朋友：也许吧，但我就是这么做了。

你：对方是谁？

朋友：我跟她是在昨天下午的一个聚会上认识的，然后我们就爱上彼此了。

你：哦，你在开玩笑吗？她叫什么名字？

朋友：珍妮。

你：哦，真是难以置信，你们去哪里了？

这个故事的寓意是什么？如果你注意到了，所有的问题都是开放性的，对方回答之后，有一个支持性的回应。在实际生活中，想知道某事的人们都会这么说话。当你踏入卖场时，怎么就忘了这些呢？给予好奇、关注，看看你的顾客怎么回应。

问答赞

产生支持和延伸效果的技巧是“QSA”（问答赞）。它代表向顾客提问，得到回答，然后你表示赞同。除此之外，我想不出别的方式来构建和增强你与顾客之间的信任关系。让我们看看有“问答赞”和没有“问答赞”的例子。然后，你来选择。

没有“问答赞”的对话

问题：你今天怎么来了？

回答：我想给儿子买一个礼物。

问题：这个礼物用在什么场合？

回答：他的 16 岁生日。

问题：他什么时候过生日？

回答：下周二。

问题：你都给他准备了什么？

回答：我想问他给自己准备了什么更合适。

问题：他打算怎么过？

回答：他想和朋友们去那个新舞厅，不卖酒的那个。

问题：你注意到他喜欢什么吗？

回答：他喜欢玩游戏，所以我想给他买一个新游戏机。我看到游戏机的广告了。

问题：他最喜欢哪一类的游戏？

回答：他喜欢快速动作类的。我喜欢策略游戏，但他没有耐性。

有“问答赞”的对话

问题：你今天怎么来了？

回答：我想给儿子买一个礼物。

赞：哦，好啊。

问题：这个礼物用于什么场合？

回答：他的 16 岁生日。

赞：哦，小伙子都 16 岁了，这是个非常重要的生日，可以跟女孩交往、考驾照和打工了。

问题：他什么时候过生日？

回答：下周二。

赞：下周二，那很快了。

问题：你都给他准备了什么？

回答：我想问他给自己准备了什么更合适。

赞：哦，都不在家里过生日了啊？

问题：他打算怎么过？

回答：他想和朋友们去那个新舞厅，不卖酒的那个。

赞：我听说过那个舞厅，有一个孩子们可以去、你还不用担心的地方真棒。

问题：你注意过他喜欢什么吗？

回答：好，他喜欢玩游戏，所以我想给他买一个新游戏机。我看到游戏机的广告了。

赞：好啊。喜欢游戏的人不分年龄段。

问题：他最喜欢哪一类的游戏？

回答：他喜欢快速动作类的。我喜欢策略游戏，但他没有耐性。

赞：我知道，哦，年纪越大，我的反应速度也越慢了。

探询的逻辑顺序

你准备了很好的探询问题，也知道了如何有价值地称赞顾客的回答。现在，问题来了，“我先问哪个问题呢？”。就像打高尔夫，你总不能听球童的，或是一直用轻击杆吧。主题或次序可以称作逻辑顺序。你看看漏斗，头部的开口大，底部越来越小。探询就像漏斗一样。开始时，你可以问些广泛的问题，然后是特定的问题。

应该这样提问，首先发现顾客想要什么，然后发现顾客为什么想要。然后，再继续发现顾客具体想要哪一款，也需要问顾客对商品的了解，以及他们是否在别的商店也买了相同的款式。开始的三四个问题不光让你得到答案，而且给你后来的介绍提供了一个清晰的方向。这种方式，我觉得有点像拳击。当对手移动到这边，你也移动到这边。当他晃到那边，你也到那边。这不是思考的问题，而是反应的问题。因此，你的角色扮演非常重要。没有专业人士会在公开场合再练习。

闲谈之后，第一个探询问题经常是“今天怎么到我们店里来了”，然后呢？

问：今天怎么到我们店里来了？

答：我给我先生挑一个礼物。

赞：你考虑得可真周到，挑礼物很有意思。

下一个问题呢？

当你的大脑计算机在搜寻你的探询问题库时，下一个问题只有一个是合逻辑的。

问：你的礼物用于什么场合？

原因是场合越重要，礼物就越重要。在你可能卖出 300 美元货品的时候，你不会想只卖 100 美元的货，对吧？另外，即使这个礼物不是给别人的，购物者是为自己买的，问这个问题也会让她联系到一个场景，然后她可能会花更多的钱。

继续下去：

问：你的礼物用于什么场合？

答：是我们结婚 25 周年的纪念日。

赞：恭喜！多了不起的成就！我很少遇到有人结婚这

么长时间还买礼物。

下一个问题是什么？

下一个问题最好是，“你的结婚25周年纪念日是什么时候？”，时间在销售中是一个很重要的因素。时间越短，越是可能卖出贵重的礼物。如果顾客没有更多的购物计划，或者你很好地解决了他的问题，人们会愿意花更多的钱。

问：你的结婚25周年纪念日是什么时候？

答：这个周六。

赞：哦，好快啊。

“哦，好快啊”应该作为任何时间小于一年的事件的赞叹式回答。“具体是什么时候？”“两周。”“伙计，很快就到了。”这种赞叹式回答算是对今天不做决定的某种惩罚。任何能促使顾客早做决定的事情都是我喜欢做的。

继续下去：

赞：哦，真快啊。

下一个问题是什么？

现在，你知道了是什么事件，在什么时间发生。下一件你要确认的事情就是顾客是否在购物。因此，下一个合乎逻辑的问题是：

问：你之前有没有发现什么特别喜欢的东西？

你的顾客将会给你下面两个回答中的一个：

（1）我在这条街上看到过________。

（2）我没注意过（或者是我才开始逛）。

对于第1种回答，我的问题是，这个顾客为什么没有在别的商店购买？我会问这个问题，是的，我会立刻问："为什么你没有买那个呢？"只要你带着关切的口吻问，它就不显得那么有攻击性。但我想知道为什么顾客没有在那个商店买，我不想这种情况发生在我的身上。这非常重要。对于第2种回答，你继续探询过程，可以问："你觉得你老公会喜欢什么？"

即使是在地毯行业、便携水疗床行业，或者是其他不太常见的行业，我也是按这个逻辑来行动的。图3.1就是逻辑顺序的指引图。

登上珠穆朗玛峰会比让她去试别的可能令她满意的鞋子更容易。

然而，有的人说他们想要锐步，因为听说那是更好的牌子，他们不太在意款型。这类人更容易改变。当一个顾客说他想要某个你没有的特定品牌，问这个问题："哪个款型？"你会分辨出这个顾客是在找，或是在找一个最好的价格，或者他对于其他的品牌也能接受。从这个角度来说，这是一个非常好的问题，

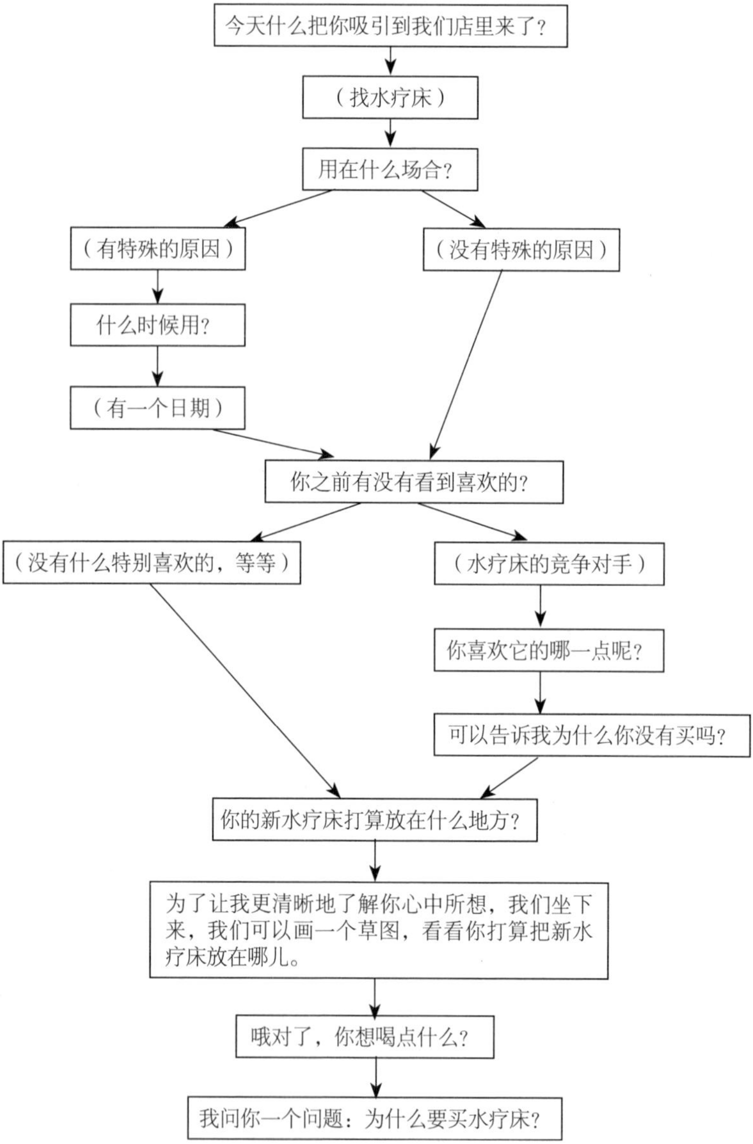
今天什么把你吸引到我们店里来了？
（找水疗床）
用在什么场合？
（有特殊的原因）
（没有特殊的原因）
什么时候用？
（有一个日期）
你之前有没有看到喜欢的？
（没有什么特别喜欢的，等等）
（水疗床的竞争对手）
你喜欢它的哪一点呢？
可以告诉我为什么你没有买吗？
你的新水疗床打算放在什么地方？
为了让我更清晰地了解你心中所想，我们坐下来，我们可以画一个草图，看看你打算把新水疗床放在哪儿。
哦对了，你想喝点什么？
我问你一个问题：为什么要买水疗床？

图 3.1 逻辑顺序指引图

即使你真的是销售某个顾客所问的昂贵品牌。

在你不代表某个品牌的场景中，为了成功地让顾客改变态度并且不让对方察觉被推销，你可以遵循以下步骤：

1. 在搞清楚顾客想要什么之后，问他为什么要这个特定的款型。记住，如果他提到一个你不代理的品牌或商品，就问他要求的款式和风格。要知道对这个问题的回答是转变的关键。顾客回答你的问题之后，你必须给出一个支持性的回复以向顾客表明你在听，你很上心。记住，支持塑造信任。比如：

> 顾客：你们这里有松下立体声收音机吗？
>
> 销售员：这个牌子很棒。哪一款啊？
>
> 顾客：我不知道啊，听说那个非常好。
>
> 或者
>
> 顾客：你们这里有松下立体声收音机吗？
>
> 销售员：这个牌子很棒。哪一款啊？
>
> 顾客：2501 款。

2. 这时征得顾客的同意之后，介绍另一个选择。这会传达一种帮助，关注顾客的感受，而非仅仅是推销，就是“我想卖给你别的东西”的那种感觉。在你征求许可的时候，你想解释为什么你没有那个商品，为什么你觉得顾客可能喜欢你的替代品。我想从向采购抱怨的角度说一下：

你们要知道，我们采购者每年在全球采购以便为我们的顾客选择最具价值的商品。不幸的是，他们今年没有选择这个品牌（或这款）。不过，如果你喜欢这个品牌，我知道我有另外一款你绝对会喜欢的。我可以拿出来给你看吗？

如果顾客同意看替代品，请一定指出它如何能够同样地有益于顾客（假如没有点名要的那个好）。换句话说，把你的演示跟顾客点名要的那个商品的原因联系起来。

如果你的顾客拒绝你给他一个相似物，你可能处于一个困难的境地。你冒着推销的潜在风险在竭力改变一个不愿意改变的顾客。但不努力去卖点什么更困难。此刻你和顾客建立起来的关系，是如何继续下去的最好线索。

下面这个例子展示了如何使用这些步骤礼貌又有效地让顾客转向另一个替代品。

场景 A：某顾客进门之后径直走向销售员。他迅速询问这个商店没有的品牌。

销售员：你为什么选择这个牌子的电视呢？

顾客：我的朋友推荐了。他特别喜欢上面的画面。

销售员：是的，他们非常棒。你知道，我们的采购人员有机会选择世界上任何一个电视机品牌，但今年他们没有选择这个品牌。你是想要一个画面更棒的，我们有另外一个品牌的，跟这个非常相似，也许它有一些你特别喜欢的性能。我可以给你看看吗？

场景B：某顾客进来买商店已经断货并且无法特殊定制的某款水晶。她没有找到，她问销售员那个商品在哪里。

销售员：看起来你曾经看到过它。你为什么喜欢那个水晶呢？

顾客：我喜欢它简洁、现代的外表。

销售员：是的，它们设计得非常棒。不幸的是，我们的采购人员选择了不再进那个系列的货了。不过你可能会很高兴他们用另一个一样具现代感的系列替代了它们，你可能会喜欢它们的；也许不比原来的更好。我可以拿给你看看吗？

场景C：某顾客找到一件他喜欢的衬衫，想试一下他的号。你发现他穿的那个号没货了。你有一个可能的替代品，你想在他去别的商店购买或是调货之前达成销售。

销售员：这件衬衫很棒，对吧。不过不幸，我们没有你穿的号。我可能问你一个问题吗？

顾客：可以。

销售员：这件衬衫是哪一点吸引了你？

顾客：这个颜色看起来会符合我的肤色。

销售员：确实很适合你啊，那是基本色。我们另有两款与这个颜色非常接近，你可能会喜欢的。我能给你看看吗？

家装家具销售员的注意事项

在闲谈和转换问题之后，“今天是什么吸引您到我们店”，在逻辑序列里的第一个探询问题之后应该接上这个问题。然而，不同之处在于这个问题之后。

请你的顾客落座。如果你能让你的顾客坐在圆桌边，给他准备一些白纸，让他画他家里的结构图、房间、院子，你不光会得到你所探询问题的答案，还会知道他对于未来的希望和梦想。我们这时在谈的是一大笔销售。在一个令人舒适的环境中去展示你对这些问题多么关注，将会让你的顾客感觉特别并且彻底放松，能令他更加放开地去说。记住，当顾客坐下之后，利用每个机会去突出，并且打造一个更加强烈的友善关系。

总之，我想你会发现探询是所有销售中最有动力的一步。它不仅会帮你省时间，还会给你带来额外的信息去达成销售。

要点回顾

- 所有人都能发现顾客要什么，但销售专业人士知道为什么。知道顾客为什么购买能为你提供弹药帮助你在后面达成销售。

• 在确定为什么的时候，花时间诚心诚意去理解、表达顾客的所需、所要和所想。

• 没有两个顾客是完全一样的。作为一个销售员，你的工作是发现你所服务顾客之间的差异，并且巧妙地建议适应每个不同顾客需要的合适替代品。

• 了解顾客越多，你就越有能力帮她选择商品，达成交易。你也能够更好地促成附属商品或附加商品的销售，以增加销售额，获得更多的佣金。

• 努力与每一个径直走进店里的顾客建立起信任的关系，不光最大化了你的销售潜力，而且还会发展一大群忠诚的顾客，他们会时不时地回头获取你的建议。

• 获得顾客的信任也需要付诸实践。一遍又一遍地“拷问”顾客，不可能获得信任，这个跟你问多少个探询问题没关系。信任是基于你提问的语调和你对于顾客的热情。

• 为了消除猜测，问顾客开放的问题，比如要以谁、什么、为什么、哪里、什么时候、如何来开头。

• 环境是有传导性的，让顾客坐下来然后进行迅速地交谈。你越是让顾客觉得舒服和放松，你跟顾客的内在需求、需要和欲望就越近。

• 继续使用你准备的开放结论的问题，但不要用一堆问题轰炸顾客。你并不想让他们混乱而危及销售。

• 当有效地使用结论开放问题时，你就能帮助顾客澄清他们所想，也就让你能更好地帮助他们购买恰好适合他们的商品。

• 在你裤子的后口袋里准备一些在任何情形下都能使用的开放结论问题。重要的不是你能提多少个问题，而是一旦你开始问了，能不能管用。

• 在顾客准备好之前，缩小顾客的选择范围是错误的。避免使用“或者，或者”这种选项，不要问顾客的预算有多少。

• 使用 QAS 方程式来跟顾客打造信任关系。

探询问题 + 顾客回答 + 支持性回应 = 信任

• 你可以不想成为你所有顾客的亲密伙伴，但让每一位顾客信任你很重要，要让他们感觉你明白他们在说什么。

• 不要害怕“高知”的顾客。努力与那些允许你帮助他们购买的顾客建立足够的信任。

• 探询问题最好的问法是按逻辑顺序来。否则，你和你的顾客都混乱，你就达不成你的目的了。

• 你能决定顾客是花一小笔，还是一大笔，前提是知道他为什么购买。如果在不远的将来顾客有特殊事情发生，你也许可以从价高的商品开始推荐。

• 缩短探询过程，如果顾客很清楚她想要什么。

• 因为每个进店的顾客不同，也要基于探询流程区别对待每个顾客，直到你的脑海里有一幅清晰的图画表明了店里所有与客户所需相匹配了。

• 下一次，如果你断货了，在你的头脑里要有意地促成顾客转向替代品。谴责商店的采购部门，但要给自己足够的信誉度去寻找一样好，甚至更好的商品。

• 探询吧，直到你耗尽了推销商品或记得一个回头客的机会。用上你的行动技巧，让这个过程激动人心。

04

演示的套路

销售的最大乐趣，就是在你有机会问“你会买它吗？”之前，顾客就说：“我要买下它。”

NO THANKS, I'M JUST LOOKING

Sales Techniques for Turning Shoppers into Buyers

你已经完成了探询过程，显示出了理解和关心，尽可能了解了顾客的一切情况，并建立了信任。你知道他需要什么，也知道他为什么需要。

这是关键的时刻——现在，真正的演示时间来临了。

演示是销售过程的一部分，你要在其中发挥创造性，做顾客期望的专业人士，并大显身手。你需要极大的热情，因为探询结束之时，就是演示的大幕拉开之时，你要“进入状态”了。如果你做了一次生动的表演，正好满足了顾客的需求，你就能在收银台那里赢得喝彩。

演示与你的探询结果紧密相关

除非你的探询有效，否则很难把个人需要与顾客需求相匹配，或者说，很难展示为什么顾客应该买你的商品。探询过程和从中收集的信息都与你的演示有着不可分割的联系，它们会在本书的后面几章中呈现出更加重要的意义。

当你完成探询的时候，顾客对你的商品的热情应该有所增长，他就像糖果店里的小孩一样，迫不及待地要听那些你必须告诉他的话。千万不要说些消减热情的无用细节让顾客厌烦，而要用为顾客量身定制的终极营销演示来保持他的热情。

再说一遍，顾客买东西有两个原因：信任和价值。**信任是在探询过程中建立的。演示则是你介绍价值的过程。**确立价值不只是说明价格的合理性，还包括更多的内容。研究显示，人们之所以购买某个商品，价格原因可能只占了一小部分。

设想一位顾客走进你的鞋店，看到一双皮鞋，把它们反转过来，发现标价是 300 美元。你能想象他惊讶的表情：这鞋也太贵了。

在演示过程中，你谈到这双皮鞋是以工匠手工制作的方式生产的，意思是每一双皮鞋的制作都由一人全权负责。这个人选择制作这双鞋的全部原料，连两只鞋子所用的皮革都完全相配。

请注意，通过描述一个听起来几乎是在创造艺术品的生产过程，这双皮鞋已经体现出了它的价值。

你继续说道："这些鞋自专人制作之始，就打上了工匠的名字。完工时，这些鞋没有切口，没有划痕，所有部分都完美地组合在一起。和流水线上生产的不同，每一双鞋都是独一无二的。”

你完全以一种聊天式的口吻说出这些话，对这双鞋从何而来为顾客提供了一些吸引人的信息。而且，300 美元的价签看上去却不再像他刚看到时那样高得离谱了。当价值提升时，价格似乎下降了。

价值可以定义为顾客从购买的商品中所获得的全部利益。一旦顾客理解了价值，价格就变得不太重要了。

顾客的想法

我们承认：生活中一切东西都太昂贵，除非它和价值联系在一起，而价值是个人化的东西。某件东西是否昂贵因人而异，甚至每次购买时感觉也不一样。有时，价值在于通过购物表达爱意；有时，价值在于寻找投资；有时是为了拥有声望、时尚或耐用性；还有时是为了和某人保持联系。

有些人会花大价钱购买一台普通的机械或电子设备，只因为喜欢它漂亮的外观或者组装的方式——我就为家里买了一套立体声音响。它实在是太美了，美到连纽约现代艺术博物馆里也收藏了一套。它有一部 40 磅重的遥控器，按钮上还有按钮。它非常华丽——尽管我知道花一半的钱就能买到一套效果好两倍的立体声音响。但对我来说，美感意义重大。对于购买特定商品的特定顾客而言，这些因素中的一个或多个可能十分重要。

某位顾客认为所购商品的价值所在可能与另一顾客的想法大不相同。我们都拥有看似分裂的购物模式，但它在我们自己的价值体系里是完全合乎逻辑的。就拿唐·迪肯斯来说吧，他是弗里德曼集团的首席执行官。花300美元买一个渔线轮？没问题。花300美元买一双能天天穿的皮鞋？他才不会。“这也太浪费钱了。”

顾客可以选择在任何地方购买商品，她之所以认真地和你交谈，是因为你在开场白和探询中已经传达出了理解和关心。让顾客信任你，这很重要。如果顾客信任你，并且确信某件商品的价值，那么销售成功的机会就自然增加了。如果顾客并不是非常喜欢你，但是能被说服相信某件商品拥有价值，交易仍然能够达成。

要是没能在顾客的眼中确立足够的价值，那么无论她是否信任你，都不太可能买你的商品。我们都曾在买东西时将推销员的帮助抛诸脑后。但不论我们多么喜欢一个推销员，如果无法在产品中看到价值，我们就不会买。用另一种方式表述就是：

顾客不会只为信任而买，但会为价值而买。

这就是为什么在销售中确立价值如此重要。仅仅让顾客赞赏商品的价值是不够的，还必须给顾客洗脑，激励顾客去拥有它。

你的任务就是激发顾客拥有商品的兴奋感，要做到这一点，没有一场商品演示秀可不行。

你在演示中需要实现两个主要目标：

（1）在顾客的头脑中确立商品的价值。

（2）在顾客心中激发立刻拥有商品的欲望！

只推销顾客需要的价值

所有生产商都会整合各种产品特点，以使他们的产品与别家生产商的产品类似或者不同。手表的表盘可能和别的手表有所区别，而其他部分却和很多手表类似。一件服装的裁剪风格好像出自某个设计师之手，但其实是原创设计的“山寨版”；某个家具品牌拥有经得住年轻家庭折腾的好声誉；汽车制造商则竞相提供全世界时间最长的保单。

以上所说的都是某个产品的特点，它们可能是你的顾客正在寻找的特点，也可能与顾客的需要毫不相关。

你卖的不是特点，是利益

顾客买的不是特点——他们买的是利益。最成功的销售人员会选择演示的要点，提供给顾客他们想买的东西。要做到这一点，你要把从探询中得知的答案和你销售的特定商品的利益匹配起来。

仅仅罗列产品的各种特点是不够的，关于特点你说了些什么，可能比特点本身更加重要。比如说，每个人的脸都有特点，如果你能列举头发、眼睛、鼻子、嘴唇等，人们就会明白你在谈论某个人的脸部特点。

列举卖点是销售的通用方法。它不需要任何思考或想象力，因为你可以对任何人复述同样的卖点。它基本上就是告诉你的所有顾客，他们要买的是市场上最好的产品。即使你说的是真的，很多顾客也不相信，因为这是个没有与任何个人关联的陈述，对于店里的任何商品、任何顾客，你都可以这样说。

然而，通过绘画的方式描述卖点——红色的卷发、棕色的眼睛、塌鼻子、性感的嘴唇，你就能激发出人们对某些面部特征的热情。如果商品的某些方面能满足顾客在探询中透露出的需求，你就要用语言去创造性地描绘这些方面。

最具说服力的 14 个词

这里列出了最具说服力的 14 个词。这些词人人都知道，还具有能被普遍理解的优点。看一看今晚的电视广告，数数用到了几个词。把它们运用到你在演示时使用的语言中去，这些词语能让顾客对成为真正的买主兴奋不已。

（1）容易（Easy）

（2）免费（Free）

（3）省钱（Save）

（4）新款（New）

（5）爱（Love）

（6）钱（Money）

（7）健康（Health）

（8）成果（Results）

（9）你（You）

（10）证明（Proven）

（11）你的（Your）

（12）安全（Safety）

（13）发现（Discovery）

（14）保证（Guarantee）

使用这些已被“证明”有用的词语不但“容易”，而且“免费”。你在交流中要使用人们“爱”听的词语，当“你”这样做时，你会有一个重大“发现”。你会赚更多的“钱”，“节省”更多时间，还能改善你的“健康”和“安全”。使用这些词语能

"保证"你的推销员生涯获得"新"的"成果"。

产品知识很重要

是的，产品知识很重要，它的确占据着一席之地。我在第1章里说过，产品知识和营销技巧，哪个在销售中更重要，这个问题一直存在争议。必须承认，多年以前我也许更注重营销，我会说："如果懂得如何营销，你真的不需要太多产品知识。"大错特错。这两者你都需要，如果你不得不选择先学习其中一个，那就学习产品知识。但是作为专业人士，你不会做这种选择，因为你必须很好地了解这两种知识，才能获得生存和发展。

优秀的演示需要你具备一种能力：让别人感到你是专家。我敢肯定：你在购物时，没有什么能比你提出的问题得不到满意的回答更令人沮丧的事了。

产品知识能够回答顾客提出的基本问题。在演示中提供有关产品的技术信息也很重要，这样顾客会注意到你懂得不少，并把你视为专家。不过，千万注意，不要连珠炮似的向顾客抛出术语和行话；也不要产生错觉，以为光靠产品知识就能代替展示顾客需要看见和感受的产品利益。

复杂的信息可能会让顾客产生距离感，你所在行业的专用术语会令他们迷惑不解。当顾客困惑时，他们觉得无法做出明智的决定，就有可能离开你的商店。

偶尔会有内行的顾客故意问一些你回答不了的技术问题，或者询问超出你的专业知识范围的使用或维护的细节。如果你不知道，就找出资料，向顾客提供正确的信息。你不会丧失任何声誉，因为不知道并不丢脸，找不到资料才丢脸。

如果有必要也有可能，可以求助公司的“专家”。举例来说，如果顾客对某个燃木壁炉能否在大房间里使用良好有所担心，那么让顾客直接与服务部经理或者了解有关知识的另一销售人员说话可能更为有效。这会增强顾客的信心，增加产品的价值，因为顾客既能询问一般的销售人员，也可以咨询行业的专家。

技术信息也许很有用，但稍有不慎就可能适得其反，减弱你的演示效果。与顾客交流，不是为了卖弄，而是为顾客服务。

例如，有的顾客希望知道75~90厘米长的珍珠项链是不是既可以单圈或双圈佩戴，也能当作短项链使用，她并不关心蚌壳里包裹珍珠的珍珠母的形成。有的顾客希望听到某某文字处理软件包含一种图像处理功能，“可以对正在准备的宣传册做锐化处理”，而她甚至不懂什么叫“兆字节”。

下表列出了与特定类型商品相关的某些行话：

皮鞋	珠宝	女装
鞋跟加固	槽形切面	公主褶上衣
鞋跟宽度	蒂夫尼钻石托	腰褶

（续表）

手机	相机	家具
4G	低照度	木质家具
触屏	微距对焦	臭氧层安全
电脑	**运动鞋**	**瓷器和玻璃**
像素	足内旋	骨瓷
存储器	EVA 材质	24% 氧化铅
自行车	**电视和音响**	**音乐播放器**
双轴辐条	谐波失真	Midi 功能
变速器	BNC 线缆	过采样

你的任务是要确保商品拥有与顾客个人相关的价值。记住：从探询中获取答案，然后演示这些答案。在探询中仔细倾听顾客的回答，你会在演示时段得到很多可利用的绝好演示点。

- 展示卖点和产品对客户的价值，是销售演示的根本方法。
- 如果能巧妙地做到这一点，你就赋予了商品存在的理由，由此也给了顾客购买商品的理由。

激发客户占有商品的欲望

当你自己对商品评价不高并流露出负面看法时，想说服顾客购买是很困难的。

当你对所在行业的商品日渐了解并学到更多产品知识时，必然会提高品位，也更渴望拥有更好的产品。然而，如果你无法敏锐地感受每一位顾客的个人品位，这在销售中将是致命的。

多年前，我帮一个好朋友推销一批来自中国的古瓷器。中国有很多放满了这类盘子、碗碟和花瓶的仓库。因为已经超过100年，这些瓷器可以被称作古董，但并不十分稀有。我们的营销策略之一是：选了一个直径15厘米的盘子，把它放在紫檀木的托架上，再附上一张漂亮的手写签名的真品鉴定书。这个盘子的零售价是20美元。我买了一大摞用来送礼。一个朋友把它放在壁炉台子上的中心位置，他觉得这盘子非常特别。另一个朋友则把它当作烟灰缸使用。

另一个品位影响价值的案例是我在17岁时买的一辆黄色的二手福特Falcon旅行车。它是辆很棒的车！对于当时的我来说确实很棒。现在，我发现自己的品位略有变化，过去的好东西现在不觉得好了。不过，如果我是卖车的，有个17岁的孩子走进来，我可能仍会向他推荐那款车。

就像我在第3章里强调的，你如何看待商品或如何定义价值都无关紧要。**你在卖场里唯一需要考虑的，就是顾客需要什么，以及怎样用最佳的方法满足他的需要。**

激发顾客占有商品的欲望是任何销售演示都必不可少的部分。一位女士也许会欣赏一件大衣的价值，但并不一定要买它——直到她试穿之后。某个顾客也许理解一辆豪车的价值，但直到亲自试驾后他才想拥有它。无论你的店里卖的是什么商品，都是一样的道理。

我们大多数人在消费品上花的钱总是比实际需要的更多，因为我们不总是在寻找实用性。我们可以买普通的蓝色牛仔裤，不买后插袋上绣着商标因而价钱更贵的品牌牛仔裤，可实际上我们买的是哪个？我们可以买普通轿车而不买跑车，买 80 美元的皮鞋而非 700 美元的靴子。但是，我们在这些毫不实用的消费品中看到了某些特别的东西，为了享受拥有它们的特权，我们被激起了购买的欲望。

至于推销价格昂贵的奢侈品就更是如此了。今天花 3 美元就能买到一块计时准确的手表，所以推销一块 13 000 美元的手表不是因为它能显示时间。顾客购买品牌表的欲望之所以被激起，可能是因为她喜欢手表戴在手腕上的感觉，或是她喜欢受到恭维，或是因为她在被询问表的品牌的时候会感到无比享受。

你也许认为花 13 000 美元买一块手表不可理喻，这大概和花 125 美元买一双 Air-pump 运动鞋一样荒唐可笑。不过，当一个十三四岁的顾客要买这样的鞋时，你的任务是激发他的父母购买鞋子的欲望。

> 您知道，史密斯太太，现在鞋子其实是一种生活方式的表达。我们都知道很难想象世界上有任何一双运动鞋能

值125美元。但从很多不同方面来说，它值这个价钱。它对于您的儿子的意义在于：他能穿着它走进学校而不感到被朋友孤立，觉得自己是团队中的一员。

让您的孩子作为社交场合的一员而感到自在能值多少钱？这能多值50美元吗？我不知道，当然我也不能替您做决定，但是考虑到这一点很重要，您也许需要仔细想想。

如果你对顾客的需求感到着迷，你就能激发顾客购买的欲望。你在演示时间中的态度能成就交易，也能毁掉交易。

发现顾客身负的“使命”

你的顾客可能身负购物“使命”而来。你是不是也和我一样？有时候，我看到一件非常想要的东西，以至于拥有它变成了我的一项个人使命，甚至每当想到我没能拥有它，我就整天魂不守舍。甚至在没钱买时，我就开始图谋策划，设想出得到它的方法。

这里说说我的经历。在加州生活了几十年后，我终于决定：是买一辆跑车的时候了，而且必须是辆敞篷车。我的购车史碰巧是这样的：我总是在买下新车两周以后就开始讨厌它们，并且狠狠责怪自己没有买到真正想要的车。我决定不让这种事再发生了。在经历了各种痛苦之后，我选中了一辆极好的车，好到它将成为我余生中所买的最后一辆车。即使它的价钱比我该花、能花、想花的更多也无所谓，就这一次了。

我叫上弗里德曼集团的全国销售经理，好为我提供精神支持。必须承认，这些年来我培训他就是为了让他告诉我：你做了正确的决定。我可不是让他来给我泼冷水的。我们走进了展示大厅，它就在那儿：一辆崭新、闪亮、光芒四射、性感、散发着皮革味的保时捷敞篷跑车。当然，顶篷是敞开着的。我不太确定，但我觉得那车在说："嗨，哈里！"销售人员正期待着我的到来，因为我提前打过电话。接下来发生的事情最让人惊奇。这位销售人员掏出车钥匙说："拿着，出去开一圈吧。"我说："绝对不行。"他问："为什么？"我说："开了我就会买的。"他说："你到这里不就是来买车的吗？"我和我的销售经理面面相觑——我低下头，不好意思地说："是的。"

这是一场没有演示的演示，其绝妙之处在于：他没有告诉我这车很快。这我知道。没有告诉我在大热天有辆敞篷车是件拉风的事。这我也知道。没有告诉我这车转弯能力极佳。这我也知道。也没告诉我这车有全真皮座椅，我能闻得到。在我沉迷于杂志上的图片和细节无数个小时之后，关于这辆车他没有什么可以告诉我的了。我身负买车的使命。他很幸运，没有阻止我实现我的目标。

相信你对这个关于购物使命的故事深有同感。**记住，很多时候你的顾客也身负购物使命。永远不要阻止他们去完成使命。**

成功演示的技巧

演示技巧（本章稍后会有描述）能使你有效地向顾客介绍商品的卖点和价值，而且需要一系列环环相扣的行动来完成。此外，还有若干其他要素穿插于整个演示过程之中，你需要完全理解它们才能确保成功。由于它们对于演示过程极为重要，而且十分微妙，因此运用这些要素能成就也能毁掉你的演示。牢牢记住它们，它们将帮助你在富于想象力、创造性和独创性的演示中巧妙地行事。

- 把重要卖点留到后面介绍
- 让顾客参与进来
- 创造一点神秘感

把重要卖点留到后面介绍

假设你正与一位顾客交谈。你的探询已经完成，你清楚地了解什么能给顾客带来价值。你店里的商品可以满足这位顾客的所有需求。你满怀信心地开始演示，尽可能多地将顾客的需求和产品提供的价值匹配起来。演示进展很顺利，既然如此，你便又列出了商品其他几个方面的卖点。

突然，顾客对商品提出了异议，你发现自己能说的都已经说完了，你黔驴技穷了。如果你已经把关于商品的一切都告诉了顾客，接下去可怎么办?

有技巧的演示不需要复述你记得的一切，然后干等结果。好的演示要基于你在探询中的发现，满足顾客部分需求的同时，又保留部分需求。不要把自己弄到无话可说的地步；仔细选择你的演示要点，把最好的部分留到最后。如果你的最佳资料在推销中用不上，那就不必多此一举了。

这和谈判是一回事。如果一开口就拿出最优惠的报价，那么当别人想就更低的价格进行协商时，你就无路可退了，谈判就只能结束了。

当你下一次展示某个产品或谈到某项服务时，先想想它最让人印象深刻的是什么，然后试试你能坚持多长时间不提到这一点。这对于学习这类控制技巧是很好的练习。

让顾客参与进来

人们如果能亲身体验产品，就更容易认同你所演示的产品的价值。保持你与顾客的互动，并让顾客与产品互动，在演示产品时要鼓励顾客亲身参与。一个参与商品演示的顾客拥有这件商品的欲望也更强烈。

你要让顾客为产品着迷。邀请她按动按钮、转动把手、开上一圈、触摸它、感受它的品质，然后观察顾客的反应。演示时，你要解释怎样使用这个产品，就像你是在教已经购买了该产品的顾客怎样使用它一样。

当柜台这个形式上和心理上的障碍被消除时，在产品演示中积极邀请顾客参与是特别有效的方法。如果条件允许，你可以在演示产品时走到顾客那一边，站在她的身旁。你的位置会更有助于顾客试用产品或了解产品的功能。此外，顾客可能会对你的行为产生更积极的感受，把它当作一种乐于提供服务的表现。

我把这比作去参加舞会。有些舞会你觉得很有趣，有些却很无聊。我坚信，你在舞会上跳多少支舞和你有多喜欢舞会之间存在直接关系。如果你跳了很多支，你就是喜欢这舞会；如果你根本没跳，你就是讨厌它。如果顾客能亲自用数码相机拍一张照片，他就会喜欢这部相机；如果是你替他操作而他根本没有参与，他就很可能不喜欢。

当顾客参与演示时，他会对拥有这件商品产生一种情感投入。这种投入反而会增加顾客对你的信任，扩展商品对于顾客的价值，并增强顾客占有商品的欲望。

销售人员有时会忘记，走进商店购物对于顾客而言是多么令人兴奋。对某些像我们这样每天围绕着同样商品而工作的人来说，热情和兴奋有时会随着时间的流逝而慢慢消失，再昂贵的东西看上去也平淡无奇了。这种冷漠的感觉导致某些销售人员漫不经心地对待他们的商品，在演示时表现得十分懒散。

随意对待你售卖的产品是无法说服顾客购买的。在我们眼里那可能是顶旧帽子，但顾客却是第一次看见这件商品。对顾客而言那是一块处女地，你如何对待这件商品会带给他们正面或负面的印象。我们越是认真地展示商品，在顾客心目中产品的价值就越大。

然而，有些销售人员却被某件商品吓住了，以至于从来不敢碰它或者把它从盒子里拿出来。记得有一次，我为南加州某个百货商店的瓷器水晶和礼品部上培训课。在课上，为了说明观点，我使用的小道具之一是一条巨大的、有两个支脚的瓷鱼。它非常易碎，极其难看，而且要价600美元。上课时，我把它拿起来夹在胳膊下，而且一直夹着，就像它是个宠物似的。其实我不过是想表现得风趣些，但是我对待这条鱼的方式，以及向人们展示它可以触摸的行为，使听课的销售人员也获得了信心去触摸它。结果，他们在上完课以后卖掉的瓷鱼比他们两年加起来的销量还要大。

故意让商品离开顾客的视线

有时候，小小地逗弄一下顾客没有什么坏处。你在热情介绍产品的时候，可以故意让顾客等待片刻再看到商品。比如，你可以说："我这儿就有您想要的钻戒。"然后从陈列柜里拿出钻戒，把它握在手中，用一块抛光布恭敬地包裹起来。当用布"擦拭"藏在下面的钻戒时，你说道：

> 您会喜欢这只钻戒的。它的优点之一是，这颗钻石是

四爪镶嵌，这能让光线同时向上向下折射，使钻石更加光芒四射。这能让人产生错觉，觉得钻石的大小几乎是实际的两倍。这很不错，不是吗？

你的顾客甚至还没有看见产品，它的价值就已经增加了。当价值增加时，顾客对价格的敏感度就降低了。把一辆拖拉机藏在抛光布下是不可能的，但你仍然可以让大件产品保持在顾客视线之外，从而营造出些许神秘感。如果要展示的产品放在商店的另一头，你可以一边说一边慢悠悠地走过去。不用着急，掌握好说话的速度，使自己说完时正好走到商品跟前。然后挥手向顾客介绍产品，并邀请他参与其中。

如果有可能，把你正在谈论的商品与周围其他商品隔离开来。例如，当钻戒被放在展板上时，展板不仅突出了你正在展示的钻戒，还挡住了顾客观看其他钻戒的视线。如果产品体积很大，你可以在带领顾客观看之前，先把它转移到店里某个独立的地方。

恭敬地对待商品会增加商品的价值

漫不经心地摆弄商品会向顾客传达出你的冷漠；恭恭敬敬地对待商品会增加商品的价值。假如你相信店里的每一件物品都价值百万，你是否会对它们另眼相待？钻戒怎能不用双手奉上？衣服怎能不像宝贝一样从衣架上取下？

销售既是物质的，也是情感的。每个行业都有展示产品的独特方法，用以创造购买欲——从服装业中试衣间和穿衣镜的布置，到音响器材行业中销售人员供顾客选择的试音碟，还有顾客试骑自行车，乃至你让顾客试躺在床上的办法。所以，花时间去创造一次个性化的产品演示，真正让顾客知道你有多么热爱你的商品，拥有它们是多么激动人心。这样做完全值得。

终极演示话术

我在 18 岁时参加了我人生的第一堂销售培训课程。在课程中，他们教授了一种利用商品特点和价值进行演示的方法。培训师说，特点区分了产品并使产品与众不同，这正是顾客所寻求的价值。这是一种极好的技巧，它改变了我销售的方式；直到我得知，别的培训师把产品的优点作为桥梁将特点与价值连接起来，以说明为什么这个特点会给顾客带来价值。

在发现这种方法并学习一段时间之后，我认识到，要学会如何将“特点－优点－价值”（Feature-Advantage-Benefit）组织成一段话看起来并不容易，但是值得为此投入时间和努力。因为这使我成了一名营销专家，也让我能清晰地向顾客表述这个方法。

在“特点－优点－价值”的陈述之后，我加上了一个“反问”（Grabber），这就变成了“特点－优点－价值－反问”

（Feature-Advantage-Benefit-Grabber），简称 FABG。反问就是以反问句的方式重申商品的价值，以求得到顾客的认同。我在这一章用了格外多的篇幅讨论特点、优点和价值，因为我就是喜欢它们的影响力。

假如在探询过程中，你发现商品的某些特点能够满足顾客的若干要求。此时最关键的是，要根据顾客的需求或欲望来演示商品的特点、优势和价值。注意，不要只是复述一长串产品特点，也不要忘记有些资料可以留到后面再用。

如何巧妙地过渡到演示

向演示过渡的时候，你要让顾客充满期待和兴奋感，例如：

- 有件东西您会喜欢的。它就在这儿。
- 我们有送给您妻子的完美礼物。来，看一看吧。
- 准备好了吗？您会觉得它很完美。

这些过渡性的语句不仅很有效，它们还能提醒你：演示时间到了。

向演示产品过渡的时候，应该尽量使用普通词汇，而把各种描述留给接下来的 FABG 陈述。

“我来为您展示这款戒指 / 外套 / 帽子 / 沙发 / 礼服 / 自行车。”如果介绍时你说的是“钻石戒指 / 毛皮外套 / 牛仔帽 / 丝绸礼服 / 山地自行车”，那么你给出了一种特点，却没有任何说明。产品的特点应该与相关的优点和价值一同给出，否则可能会造成困惑。

开始演示的话术

我坚信应该用这样的句式开始你的演示："这双鞋的优点之一是……"或者"这部电话的其中一个优点是……"或者"这台电脑最棒的地方之一就是……"。这暗示着这双鞋还有很多优点。这是个简单的句式，但确实能让演示与众不同。由于你不会念出一长串产品特点，这能让顾客在听到产品的其他优点时觉得舒服。

定义特点、优点和价值

为了学习"特点、优点与价值"这种演示方法，我将以一双鞋为例，因为地球上几乎每个人都至少买过一双鞋，所以我知道你对它非常熟悉。

特点 特点是某个产品或服务一个显而易见的部分：比如用什么原料制成、在哪里制造、颜色、大小、使用的材质等。世界上每一个产品都由不同的特点组成，这些特点由制造商选择，目的是使其产品相似或区别于竞争产品。

画一只鞋子。你可以把它看作"一组特点的集合"。让我们来看看其中的一些：黑色、皮质、平底便鞋、皮革衬里、鞋跟套、美国制造、手工缝合等。你还能说出很多其他特点，但这是个很好的开始。无论如何，作为一个描绘者，你的任务就是用令人兴奋的语言创造一幅图画，激发购买欲。下面的说法听起来是不是更好些？

特点

深黑色

小牛皮材质

传统平底便鞋

全皮革衬里

橡胶鞋跟套

完全美国制造

精心手工缝制

优点　优点与特点直接关联。可以说，优点就你拥有（而不是失去）这个特点所获得的东西。有些人喜欢在说完特点之后加上“意味着”，这也会有助于你解释优点。

特点	（意味着）	优点
深黑色		中性色
小牛皮材质		贴合脚型
传统平底便鞋		永不过时
全皮革衬里		用料考究
橡胶鞋跟套		防滑
完全美国制造		优质保证
精心手工缝制		精湛工艺

特别提示　任何一个特点都可能具备多个不同的优点。例如，小牛皮不仅使皮鞋贴合脚型，还是一种有利于皮鞋“呼吸”的透气材质。你应该利用哪一个优点呢？我的答案只有两个字——探询。

价值　价值与优点直接关联，而不是与特点关联。你可以说“这个优点的价值是……”，而优点是因顾客而异的。价值的定义是：这个优点能为顾客做些什么？具备这个优点能给顾客带来什么好处？这个优点有什么用？同样，在优点与价值之间使用“意味着”这个词能帮助你遣词造句。当你熟练和自信以后，你就能抛开这个词而说出更流畅的 FAB 陈述。

在选择最适合顾客的特点（和优点）时，每一个优点可能具有多个价值。同样，这也必须根据探询的结果来做选择。

特点　（意味着）	优点　（意味着）	价值
深黑色	中性色	能与各种服饰搭配
小牛皮材质	贴合脚型	顾客定制
传统平底便鞋	永不过时	能穿很多年
全皮革衬里	用料考究	即刻的舒适感
橡胶鞋跟套	防滑	安全
完全美国制造	优质保证	可信赖
精心手工缝制	精湛工艺	感觉与众不同

反问　完成演示的最后一步。

当你按部就班地组织起一段为某位顾客量身定制的 FAB 话术，并以一项很棒的价值结尾之后，看看顾客是否真的认同意义重大。“反问”这一步出现在 FAB 之后，就是这个目的。反问就是以反问句的方式再次重申产品的利益，以求获得顾客的正面回应。

很多销售人员一直觉得反问句听上去有点别扭。但无论如何，你的顾客会喜欢它的，它能使顾客参与进来。

刚开始时，你可以用反问句完整地重复产品的价值。更有经验以后，你可以做出改动，以适应顾客的情况。

物品	呼啦圈
特点	完美的圆圈
优点	轻松地旋转
价值	你能获得很多乐趣。
反问	你喜欢有乐趣的东西，不是吗？
反问	听上去很好玩，不是吗？
反问	听着很棒，不是吗？

合而为一

理解 FABG 的各个部分及如何使之适应特定顾客的需求，是极为有用的。把它们组合在一起使用，你会发现真正的乐趣。

让我们来看看，现实情况中一个精心构建的 FABG 陈述是什么样的。这次我们来展示一件精美的珠宝。

销售员：根据您刚才告诉我的，我认为这枚戒指是您的绝佳选择。这枚戒指的优点之一就是中间的宝石被四周的钻石完全围绕。这突显了蓝宝石的蓝色，也使戒指看上去十分高雅。您要的正是外观高雅的戒指，对不对？

顾客：哦，是的。

销售员：来吧，戴上试试。看，简直是绝配，连大小都不用调了！这枚戒指的另一个优点，就是它的蓝宝石来自斯里兰卡，那里是世界上最好的蓝宝石产地。知道您能拥有世界上最好的宝石真是太好了，尤其是您正要做出购买高级珠宝的重要决定。对不对？

注意，销售人员一开始提到物品时说的是“戒指”二字，只说“是您的绝佳选择”。接下来是销售人员对符合顾客意见的第一个特点的描述，其中使用了富有表现力的词语来描绘画面。

这里并没有讨论戒指上有几颗钻石，或者关于宝石重量的技术信息。取而代之的是，销售人员谈到这颗蓝宝石“被四周的钻石完全围绕”这样一个价值点。为什么这是一个价值点？因为这提供了一个优点，即钻石能够“突显”蓝宝石的色泽。

销售人员还帮助顾客将戒指试戴在手指上，甚至可能绕过柜台来到顾客身旁，从一个更好的位置进行演示。当戒指戴到顾客手上时，销售人员说的话好像顾客已经买下了戒指：“连大小都不用调了！”

通过简单的几步，这位销售人员就做到了销售过程的四个重要方面：

（1）通过鼓励顾客触摸和试用商品，邀请顾客参与演示。

（2）在顾客试戴戒指时站在顾客身边，保持与顾客的互动。

（3）提及商品时，好像顾客已经购买了一样。

（4）将戒指特点与顾客需求相匹配，随即开始另一项 FABG 陈述。

某个物品的一个特点可能具备不同的价值和优点。例如：

物品	住房
特点	四个卧室
优点 1	一个卧室可以用作书房
价值 1	周末安静工作的地方
反问 1	这很方便，不是吗？
优点 2	三个孩子各自都有卧室
价值 2	每个家庭成员都有私人空间
反问 2	这能让家里所有人都高兴，不是吗？

不管一个特点具备几个价值或者优点，都要保证你的

FABG 陈述简单明了。每个 FABG 陈述都必须包括一个特点、一个优点、一个价值和一个反问。

总之，你要针对探询中的发现，最大限度地利用与顾客特定需求相关的 FABG。同时，你要利用最少的信息量，尽可能地把商品卖给顾客。

检查 FABG 陈述

一旦构建好一个 FABG 陈述，有一种检查方法可以确保它的正确性。以呼啦圈为例，从特点开始检查到价值，在每两个词之间都插入“意味着”这个词组：

这个呼啦圈是个完美的圆圈，这就“意味着”它旋转起来很轻松，也就“意味着”你在使用它时会获得很多乐趣。

物品	呼啦圈
特点	完美的圆圈（意味着）
优点	轻松地旋转（意味着）
价值	你会获得很多乐趣

下一步，从价值开始倒着检查到特点，每一步都问一句“为什么”。

你会获得很多乐趣。为什么？因为它能轻松地旋转。为什么？因为它是个完美的圆圈。如果两个方向的逻辑都成立，那么这个为演示呼啦圈所构建的 FABG 陈述就是合理的。

FABG 适用于任何商品

使用 FABG 进行演示的优点之一是，它是一种能把你对产品的思考和热情组织起来并传递给顾客的好方法。如果顾客能感受到你在演示中的热情，就能促使他购买。你就是要让顾客购买，不是吗?

上面这段话就用了 FABG 方法。FABG 其实可以用于任何物品的演示。这里再举几个例子：

> 我来为您展示这套西装。料子感觉怎么样? 这套西装的优点之一是，它是缝合而不是黏合的。这意味着所有裁片都是用一针一线缝在一起的，而不是用黏合衬粘起来的。因此不论是穿上身还是清洗后，它都能保持挺括有型。从现在起 5 年，它都会和您刚买时一样好看。这点在买高级男装时是很重要的，不是吗?

> 我为您挑选了这款棒球手套。您可以仔细看看。这只手套的优点之一是，它里面用的是小牛皮，外面用的是母牛皮，因此不会过于扎手，您在打球时会感觉更好。您打球时想的当然是怎样接住球，而不是接球时会不会弄疼您，不是吗?

> 我想您会喜欢这个沙发的。走过去坐上去试试。这个沙发的优点之一就是它的靠垫使用了柔软的填充物。当您向后靠时，您能恰到好处地陷入靠垫中，感觉非常舒适。

我敢打赌，您都能想象出自己每晚在这沙发上入睡的情景，不是吗？

现在轮到你了。演示的自然和个性化很重要，因为你是在学习如何灵活地组织 FABG 陈述，而不是死记硬背几个句子。如果你只是记住几个 FABG 并反复使用，你就无法为每个顾客找到合适的价值，也无法把顾客的需求同产品的特点匹配起来。

和同事们玩 FABG 游戏可以让你在学习中找到乐趣。我们在自己的公司里就这么做。你经常会听见有人在订午餐时说："这个汉堡的优点之一就是芝麻面包，每一口都是美味，它让你的午餐无比愉快。你们就是想吃一顿好吃的午餐，不是吗？"用不了几秒钟，又一个人说："在这里用餐的另一个优点就是超大的纸巾，它提供了额外的清洁能力，让你在大嚼汉堡时还能保持良好的形象。吃饭也要讲究形象，不是吗？"你们可以随机挑一个物品轮流地说，每个人都讲一个 FABG 陈述，看谁说得最精彩。

在演示时要假设顾客拥有产品

我们将对演示程序做出一个最新改动，这就是实现价值，即在描述商品时，假设顾客已经拥有了这件商品。

这是一种假设性的演示。让我们来看两个简单的 FABG 陈述，一个仅仅描述产品，另一个则假设顾客已经拥有了产品。

描述

这架钢琴的优点之一就是它高光泽度的表面，这能让您很轻松地拭去灰尘并保持清洁，让它成为房间里一件华丽的装饰品。这真的不错，不是吗？

假设拥有

史密斯夫人，您拥有这架钢琴后，一定会赞赏它高光泽度的表面使您很轻松地拭去灰尘并保持清洁，它和您期待的一样，是您房间里一件华丽的装饰品。当大家都赞叹您这架钢琴是多么漂亮时，您一定会感到骄傲的，不是吗？

这绝对是极具说服力的演示。它显示了我们的信心和达成交易的渴望。

避免落入比较的圈套

你是否曾经陷入让顾客比较两个产品的境地，而结果却什么也能没卖出去？或者，作为一个顾客，当销售人员告诉你，你看中的产品不够好而另一个产品更好时，你是什么感觉？**不管你是什么看法，比较你店里的产品是一个误区，它会降低你销售额，毁掉你的销售任务。**在应对顾客的比较请求之前，有几样事情你需要考虑。其一，任何时候批评店里的任何产品，等于告诉顾客店里卖的产品不好。其二，比较产品是带有主观色彩的。换句话说就是，产品更好或者更差都是你的个人观点。举一个简单的例子，比如一台有 12 档速度和多种功能的食品加工机。当你考虑到顾客只是为了混合饮料而购买时，它是不是真的就比一台搅拌机更好呢？另一个潜在的危险是，为了卖掉价值 1 000 美元的产品而去贬低价值 500 美元的产品，结果却发现顾客只有 500 美元可花。这些情况下你要遵守的规则就是：永远不要比较。

根据产品各自的优点来销售产品

有一个更好的方法，就是针对每个产品自身固有的价值来销售产品。你可以这样说："产品 A 很好是因为……"，而"产品 B 不错是因为……"，在解释时，可以用上几个 FABG 来描述产品。例如，一个壁炉使用高效，而另一个设计独特。

通过指出它们的区别，但避免落入说哪一个更好的误区，你就能根据最适合顾客需求的特点和价值，引导顾客做出决定。然后，如果顾客认为她的预算只够购买价格较低的那个商品，那就绝对不要去做质量高低的比较。

有时顾客会问，为什么两个相似的产品价格却有所不同。遇到这种情况可以这样解释：价格更贵的那个产品的某一特点可能生产成本更高，因此最终产品的价格要高一些。你可以向顾客解释：原材料的质量、生产工艺、对产品细节的注重，甚至是品牌名称，这些特点都会影响到价格。

试想有两件外表相似的毛衣，但是一件比另一件贵 100 美元。价高的毛衣可能是手工编织的，而另一件可能是机器编织的。这并不意味着那件便宜的毛衣不好，只是品质有所不同。或者试想一辆豪华轿车和一辆家用旅行车的价格差别。如果根据价格相对低就判断旅行车“不好”，那么每个人不是开豪车，就得坐公共汽车了。你宁愿卖出一辆旅行车，也不想一辆车都卖不出去，不是吗?

在下面这个场景中，销售人员被要求对两个相似的产品做出比较。

顾客：哪一个壁柜更好?

销售员：这两个壁柜各有优点。这个紫檀木壁柜的优点之一是它的独特性。像这样的可不多，您放在家里会显得与众不同，引人注目。我想您是喜欢受到赞美的人，不是吗?

顾客：是的，我喜欢与众不同的东西。

销售员：另一个壁柜的优点之一是它柜门上用的是特殊铰链，经久耐用。您在购买一件优质家具时这一点很重要，不是吗?

顾客：是啊，但为什么这个那么贵呢？

销售员：有时候，某个产品特点需要更高的成本去生产，这就会对价格有所影响。就这个壁柜来说，我想是它柜门上的彩色玻璃和上部的手工雕刻造成了价格上的差别。

顾客：这个紫檀木壁柜挺漂亮，是吧？

请注意这位销售人员是如何尽力阻止自己落入顾客要求他比较产品的陷阱的。向顾客提供“产品相似但质量不同”的观点，而不是说这个产品“更好”或者“更糟”，顾客通常会忽略价格，自己选择产品的特点和利益。

所以，千万不要因为做比较而扼杀了顾客对你店里任何产品的热情。每一种产品都有区别于其他产品的特点，你要做的就是：找到商品独一无二的属性并依靠它们开展销售。

如果顾客询问你的意见

在很多情况下，顾客会询问你的意见。我们假设你已经说清楚了每个产品的特点和价值，而你的顾客并没有表示他想要哪一个。我强烈建议由你来帮助顾客选择一件你感觉最适合他的产品，而不要去考虑价格。要知道，如果你推荐了一件价格更高的产品而他的回答是“不”，你就走投无路了。如果顾客不用表明自己的意见也能达成交易，他们会感觉得到了更好的服务。

然而，有时这种情况会出现在服装、珠宝、鞋子、体育用品这类商品上。对于这类商品，告诉顾客你非常不喜欢某件商品，反而能够建立信任。比如，你认为某位女士穿上这件衬衫可能会好看，你可以建议她试穿一下，结果却说："这个颜色和您一点也不配，快脱下来吧。"这样当你告诉她"这件您穿起来很好看"时，她就更容易相信你了。这是个"试丑说丑，反增信任"的花招。

避免在竞争商品中做出负面的比较，才是明智的销售人员。贬低其他商品是毫无必要的，这既使你自损形象，也会让顾客感到不舒服。

搞定可能毁掉生意的"专家"

顾客经常会带上一位朋友或亲戚一起来购物，因为顾客认为这个人对于她要购买的商品的看法更加专业。这可能会是让你沮丧的经历，一不小心，你的演示效果就可能被彻底摧毁。

要应对这种情况，首先，让我们先来了解一下顾客带"专家"来的原因：

- 一位对你销售的这类产品不太了解的顾客可能担心自己被骗，因而需要这位"专家"朋友来防止她做出错误的选择。
- 有时，顾客喜欢别人因她所购买的商品而称赞她；

这种称赞是对她做出明智决策的一种肯定。

- 这位“专家”朋友也可能是主动前来，因为他真心想提供帮助。

不管“专家”是谁，他总归是被“雇来”提出他的宝贵意见的。他需要花时间坐上车、开到你的店门口，然后走进来。**如果你不让他也参与到演示中来，他最终会给出一个意见，而且通常都是“不”。如果这位“专家”只是被晾在一边而不发表意见，那么他会认为他是在浪费时间。没人希望浪费时间。**

但是，一个容易嫉妒的“专家”可能想要确保顾客最终购买的商品不会比自己的更好，或者他就是想要打击你而已。

不管是哪一种情况，你的目标就是卖掉这件商品，同时与这位“专家”朋友达成一致。**达成这一目的最简单的方法就是，向顾客指出特点、优点和价值，然后把意在获得肯定的反问抛给这位“专家”。**

假设顾客和她的“专家”朋友前来购买一辆山地自行车。这位“专家”说服顾客没有必要买一辆山地自行车，因为顾客不经常骑车，也就用不着花那么多钱。你当然想要做一笔更大的生意。

对顾客说：这辆自行车的优点之一就是，它在山地自行车中是价格较低的一款，您可以花较少的钱享受到山地自行车的优点。同时，这辆车也符合您对自行车的更高要求。

对“专家”说：购买能买得起的最好的东西是非常明智的，远比几个月后懊悔错过了机会要好得多。您一定同意这个看法，不是吗？

有的“专家”确实知道一些专业知识或技术知识，这时搞定“专家”的最简单方法是：说一个专业性极强的FABG陈述，技术性之高使他无法争辩，因为这超出了他的知识范围。他会表示同意，因为他不想向他的朋友显示自己是个不太专业的“专家”。

对顾客说：这个渔线轮的优点之一，就是它的新型耐热钓力阀制动垫片，当大鱼拉扯渔线时，它不会使渔线缠绕或发热断裂。

对“专家”说：这是他们推出的新技术，不是吗？

在演示商品时你要保持完全中立。让顾客和她的“专家”自己做出选择。有时候，顾客决定听从朋友的建议。如果是这样，你可以开始开发票了。这就让购买决定和购物承诺白纸黑字地确定下来。

不过在完成交易之前，如果你仍然心有不甘，那就为顾客再指出一件事。那时，而且只能在那时，礼貌地向顾客解释她的选择可能存在的问题。你在告知之前在纸上确认顾客的购买决定，是故意让顾客和“专家”获得胜利。这样，顾客就下意识地摆脱了两难的困境，可以自由地改变决定而听从你的建议。

> 举例：您选择了一辆很好的自行车，而且您的考虑也很周全。在您做出最后选择之前，也许还有一个因素需要考虑一下。自行车B的变速器有更多挡位选择，这能使上坡骑行更加轻松，让您的骑行更有乐趣。既然您住的地方有不少山坡，您肯定想让您的骑车体验更有乐趣，不是吗？

如果顾客仍然听从“专家”的建议毫不动摇，那么你已经做了能做的一切，确保顾客购买了一件不会令她后悔的商品。如果你无法说服她，那就卖给她自己选择的商品。你已经尽力而为了。此刻，给顾客她想要的就行了。

如何对付“隐身”的专家

有时候，顾客并没有带专家朋友一起来，只是带来了这位专家的口头建议。如果这个建议并不好，你可能会发现自己身陷困境。你不想让顾客购买错误的商品，但却不知道该怎样才能在告诉他的同时，既不否定他的专家，又不让他一无所获地离开商店。

出现这种情况时，你要尽一切努力弄清楚他的顾问是什么人。从兄弟那里听取的建议和在超市排队时的道听途说有很大的区别。一旦知道了专家是谁，对于是否有望改变顾客的想法，你会有更好的主意。

比如说，我是个对电脑一无所知的人。我询问我的兄弟该给家里买台什么样的电脑。他告诉我应该买 IBM。于是我来到当地的电脑商店，销售人员问我需要什么。当然，我说我想买一台 IBM 电脑。他问我买电脑干什么用，我回答说是为了在家办公。然后，他告诉我他有一台更好、更快、更便宜的电脑，比 IBM 好得多。现在，我面临着该相信谁的抉择：我的兄弟——他是我信任的人，或是零售店的销售人员——他是我不认识的人。你猜对了：我选择相信我的兄弟。即使那位销售人员是对的，我也绝不会听他的。

要更好地处理这个问题，首先需要弄清顾客的信息来自哪里，然后得到允许去改变选择。

销售员：您需要什么？

顾客：我想买一台电脑。

销售员：找到自己喜欢的电脑了吗？

顾客：我刚开始找，不过我想我喜欢 IBM。

销售员：这是个好品牌。您为什么选择 IBM？

顾客：我兄弟很懂电脑，他推荐了这个牌子。

销售人员：您的兄弟主要用电脑做什么？

顾客：他工作时要用。

销售员：IBM 确实是很受欢迎的办公电脑。

聊到这里时，详细地询问顾客为什么要购买电脑。得到他需要电脑的原因之后，可以做以下尝试：

销售员：您知道，计算机技术的更新换代是很快的。您的兄弟也许不太了解，一些不很知名的小公司制造的产品就价值而言，其实比 IBM 的电脑更物有所值。这一点很重要，因为他们不是大公司，所以必须做得极具特色才能赢得顾客。我相信如果您的兄弟了解这些电脑后，也会为他的家里购买一台的。我把它们展示给您看看好吗？

如果顾客说好的，那么他已经忽略了他的兄弟，对你表示了信任。如果这时顾客说“不，我要 IBM”，那就感谢他选购 IBM 并告知售后服务等其他信息，因为让他改变选择几乎是不可能的了。

有时候，顾客的“专家”居然是你的竞争对手店里的销售人员，而他向顾客提供了不正确的信息。即使顾客接受了不道德的竞争者给出的错误信息，你也不要去谴责这个家伙的公司或者商品。

正如你所看到的，开场白、探询以及现在的演示被联系在一起，组成了一次有帮助、有关心、有效果的产品演示。在整个过程中，你必须注入你的个性、风格和热情去创造一场演示，演示的结果就是让顾客说：“我要买下它。”

要点回顾

• 演示是关键的时刻——这是你在销售过程中发挥创造性并大显身手的部分。演示的成功很大程度上依赖于探询的深入彻底。

• 顾客只会出于两个原因购买：信任和价值。信任需要在探询中建立；价值则在演示中确立。

• 价值可以定义为顾客从购买中所获得的全部利益。它与产品的价格不是一回事。价值可以是任何东西，包括一般意义上顾客认为有价值的东西；或者是在某一次购买中被认为有价值的物品。

• 演示中要实现两个主要目标是：在顾客的头脑中建立商品的价值；在顾客心中激发立刻拥有商品的欲望。

• 顾客买的不是特点，他们买的是价值。特点是一件商品具有的某种属性；价值是这一特点能为顾客带来的好处。

• 找出什么能给顾客带来价值，把探询中得知的答案和所售商品的价值匹配起来。探询会告诉你演示中需要强调什么内容。

• 演示的成功有赖于穿插在整个过程中的多个要素，包括：把要点留到后面介绍以反击异议、让顾客参与到演示中，以及创造神秘感以增加产品的吸引力。

• 演示的核心内容是用 FABG 陈述法来介绍商品。对于每一个 FABG 陈述，都需要选择一个产品特点（F）；说明这个具备这一特点的优点（A）；然后指出这个优点能为顾客带来的价值（B）；最后提出反问（G）重申这一价值以获得顾客的认同。

• FABG 陈述法适用于任何产品。它是你为顾客演示时组织思路并保持热情的一种好方法。

• 避免落入比较的陷阱：每一件产品都要根据各自的优点来销售。价格的差别可以解释为原材料和生产工艺的差别。

• 如果顾客带着自己的“专家”来评判你的商品，你要礼貌但坚定地对待他。在把产品卖给顾客的同时，要赢得“专家”的认同。

• 避免批评竞争对手的公司或制造商。贬低竞争商品经常会适得其反，因为你的否定语调会给顾客创造出负面感觉。

• 我们的目标是：用最有效的专家意见——你的意见，把每一个顾客都变为真正的买主。

05

试探成交与附加销售

做一场没有成交的演示，就像是写一部没有结尾的小说。

NO THANKS, I'M JUST LOOKING

Sales Techniques for Turning Shoppers into Buyers

我第一次提出七步销售法的时候，借鉴了工业营销领域的说法，将其中一步称作“试探成交”。在企业对企业的营销中，销售人员使用这一步的目的，是为了获得额外的积极决定，或是为了试探顾客是否准备购买。这在当时很有意义；但是现在，尤其对零售业的营销而言，它已经不适用了。

这一步你要做的是请求你的潜在买主做出一个额外的决定。例如，“您是在工厂提货还是装箱运输？”或者“您的集装箱需要整柜装载还是散柜装载？”，让顾客回答这类问题，你就能假设他们即将购买。这样你就可以进入最后的成交陈述阶段了。

在零售业营销中，这种思维方式的问题在于：为什么要试探顾客？如果你已经展开了推销，打消了抗拒心理，用有效的探询判断出顾客需要什么和为什么需要，并且演示了这件产品会如何使顾客受益，这难道还不足以让你达成交易吗？

在演示过程中，顾客的头脑可能随时接受或随时拒绝购买的决定，而顾客最乐意购买的时刻，就是在完成一次为顾客量身定制的完美演示之后，除此之外我想不出比这更好的时刻了。优秀的销售人员会假设顾客即将购买，然后去达成交易。这使得“试探成交”必须具有不同的意义。它变成了利用附加产品做道具的最终成交。我们稍后会谈到附加销售的内容，不过首先，我们来说一说为什么人们不喜欢成交。

没有成交，一切为零

成交是销售过程的一部分，也是导致大部分人不想成为推销员的原因。真实情况是，无法成功达成交易才是人们不喜欢的部分。如果人们知道除了做一个咄咄逼人的讨厌的说服者以外，还有更多的营销技巧，就会有更多人愿意去尝试成交了。演示中往往有这样四种销售人员：

（1）回答问题的职员——如果他们被问到的话。没有演示，没有互动关系，除了在被问到时提供帮助以外，什么都没有。他们不担心成交，因为这不是他们想要做的事。

（2）演示时既有互动关系又能提供帮助的销售人员。但是，出于个人对推销员职业的厌恶，以及不愿成为“咄咄逼人型”中的一员，他们会在演示后让顾客自己做决定。

这一类型在顾客主动要求购买时是很有帮助的。

（3）生硬的成交者——没有任何互动。说过“您好”以后，这类销售人员基本上会直接要求达成交易。这是我们都讨厌的一类人。

（4）专业销售人员。他们会带领顾客经过一个合理的过程，然后再把请求成交作为一次完美演示的顺理成章的结尾。

我当然喜欢第4种类型。但是，我必须告诉你，零售商店里的大多数销售员都属于第2种类型。如果是这样的话，你最好还是做一个生硬的成交者，因为提出成交总比不提出成交要好。

记住销售员的天职

你站在这里就是为了卖东西。我想不出你被聘用还有什么别的理由。当然，作为公司的一分子你还负有其他的职责，但事实是：销售是你的主要工作。要是一场演示不能使顾客购买，那么你的存在就是毫无意义的。如果是我经营商店，不提出成交的销售员就应该尽快另谋高就。

“泡妞”与成交

既然你必须成交，因为那是你的工作，你也许会思考如何才能赢得成交的机会，这样事情就容易多了。设想聚会上有位男士看到一位极有魅力的女士，他想认识她，就朝她走过去。他说："我想聚会一会儿就要结束了，你愿意去别的地方喝一杯吗？"她的回答是："不。"几次失败之后，他便开始觉得今天碰见的女人们真是反复无常。

再来看看另一种方式：

一位男士看到一位令他心仪的女士，决定要认识她。他先是和她建立了眼神交流，然后走过去打招呼。他选择了简单而真诚的问候语："嗨，认识一下吧。你喜欢这次聚会吗？"她回答："是的。"他继续问了几个问题，比如"你叫什么名字"之类。他和她聊起天来。他对她这个人很感兴趣，但他并没有说"我来做个自我介绍，我叫麦克"。事情进展得很顺利，他们喝了一杯，有说有笑。她觉得轻松自在，就告诉他她在哪里工作，有什么爱好。对他而言，这一切似乎有些神奇。这场鸡尾酒会在晚上 8 点左右就结束了。时间还很早。现在是关键时刻：他花了一个半小时吸引一位富有魅力的女士，而她就要走了。她告诉他和他聊天很愉快，并拿起了外衣和钱包。他说了"再见"，然后她离开了。

我不知道你有何感想，我在说这个故事时都要掉眼泪了。为什么他不邀请她出去喝杯咖啡，或要她的电话号码，或做其他类似的事呢？也许是他不想过于急迫？

这两个场景都是销售过程的开头部分的绝好例子。在第二个场景中，这位男士在开场、探询和演示中都做得很好。但是，没有成交。

第一个场景中，这位男士违反了我们所知的一切舞会交友法则，他失败了。在这两个场景中，他都失败了。虽然说的是人，但这两个故事和销售之间的关系太像了。

这两个故事和销售之间的主要不同是，在销售中你的成交境况要好一些，因为这是你的工作，但这做起来仍然不容易。

我个人从来不喜欢销售腔。“现金还是刷卡？”这种话很糟糕，而且和我的风格完全不符。**在我的销售生涯中，我一直不断地致力于让顾客主动说“我要买下它”，而不是请求顾客购买。**但是话又说回来，你无法保证顾客会主动要求购买，所以这仍然是我需要研究的问题。

在研究中，我询问了数千名销售人员，问他们是否喜欢成交或销售腔。绝大多数情况下，他们都说不喜欢。正是由于这个原因，在任何一家书店的商业图书区都有一卡车的书和成交技巧有关，却没有一本是关于开场、探询或者演示的。也难怪顾客会为推销员们担忧，对他们的行为感到沮丧。

你已经赢得了成交的机会，现在该怎么办？

现在，你已经赢得了成交的机会，而且不会遭到拒绝。可是该怎么做呢？你当然可以使用各种技巧来促成交易，但在问出最后的成交问题之前，有一些重要的事情你需要考虑。我的问题是："你该选择什么时机进行附加销售，从而在主要产品之外再增加销售额呢？"

第二职责：附加销售

这里存在的第一个逻辑问题是：

- 先成交主要产品，后进行附加销售，还是先进行附加销售，后成交主要产品？

这个问题的答案革命性地改变了人们的销售方式和附加产品的成交数量。答案就是：以附加销售的方式促成交易！

以附加销售促成交易

1977年，我在印花运动服行业工作。我得到一个机会，去拜访一家生产车载立体声设备的大型生产商。这家公司正在推销扬声器，恰好需要T恤衫。我有一个关于利用T恤衫推销他们公司扬声器的想法，于是决定前去会面。我让设计师画了象征扬声器的椭圆，里面是一只斗牛犬和一只小鸟的形象。T恤衫上的标语是："某某扬声器——城里最好的高音和低音"。我知道，和你一样，他们不喜欢这个主意。但是，发生了一件有趣的事情。就在告诉我他们有多么不喜欢这个创意之后，他们问我：下个月是否可以卖给他们1万件印有他们公司标志的T恤衫！

一年以后，我在一家电焊用品商店里购买焊接器材（这在当时是我的一项爱好)。我认为我待在那儿也许能让店主对印花T恤衫产生兴趣。我建议他购买一些T恤衫,上面印上这样的标语:“做人别散架,焊牢了”,下面再放上公司的名字。“做人不散架”是一句70年代的典型语言,我觉得这T恤衫看上去肯定很棒。他不喜欢这个主意。尽管如此,他却问我是否可以为他生产一些胸口印有他公司名字的T恤衫。

1982年,我已经组建了弗里德曼集团,并在某一客户的家具商店工作,向员工演示如何运用营销方法。当时我向一位顾客展示了一款非常昂贵的沙发,此时其他的销售人员正想看着我是怎么做的,还为此打了赌。说实话,我没能掌控局面。我不仅没有足够的产品知识可供自如发挥,还非得想办法让顾客购买这种面料的这款沙发,而不是从300块面料样品中找到她想要的那一种。我只是告诉了她几个特点、优点和价值,并且得到了积极的回应。我脱口而出问道:“您是否觉得那两把椅子和那张桌子正好可以和您的新沙发配套?”她说:“不用了,我就要这沙发!”

那天晚上,某些事情一直在我头脑中萦绕。我用试图扩大交易的方法促成了交易。我回想起那次T恤衫交易与之如此相似。**你提供这个,而顾客会选择那个。**我还注意到,我在达成交易时并没有说“付现还是刷卡?”或者“星期一送到您家可以吗?”之类的话。然后,研究开始了。在演示之后的演示中,我和学会这个方法的其他销售人员会在演示之后紧接着进行附加销售。结果，我们要么将主要产品和附加产品一同卖掉，要么单独卖掉了主要产品。我们只是偶尔才遭到拒绝。

以附加销售的方式达成交易，有很多好处：

（1）这是一种温和、友好的成交方式，大多数销售人员都能够接受。

（2）你还有扩大交易的可能。

附加销售：让顾客买得更多

附加销售是销售人员在营销中所采取的第二重要的行动（第一重要的是成交）。这么说有很多理由。以下是最重要的两个原因。

1. 对于新增的销售而言，毛利润就是净利润

假设你的公司以 50 美元购入一件商品，售价 100 美元。交易成功后所得为 50 美元。你从剩下的 50 美元中减去日常开支，诸如租金、工资、佣金、电话费、保险等。日常开支可能占了售价的 30%，也就是 30 美元。这样你从 100 美元的交易中得到了 20 美元的利润。如果你在同一位顾客身上卖出了额外的商品，你无须再次扣除日常开支，因为它已经在卖出第一件商品时扣除了。因此，你扣减的只有

成本和佣金。如果你在一位顾客身上只卖出一件商品，你也许可以在行业中立足；但当你能在每一位顾客身上都卖出额外的商品时，你就能赢利，你的商店就能生意兴隆。

2. 优秀的顾客服务

几年前，我去一家五金店买锤子。现在我不怎么干力气活了，所以这让我觉得很有趣。我和一个销售人员聊了起来，他向我展示了一把 15 美元的锤子。哇！这东西能做什么——替我钉钉子吗？我抱怨 15 美元一把锤子似乎太贵了。他解释道，这木料来自某一种树木，这钢材如何如何，还有它组装的方式不会让钢锤在捶打时掉下来，所以绝对没有安全问题。

我心里乐开了花。这个家伙给我做了一场关于锤子的精彩演示。我继续抱怨那 15 美元，而他继续让我确信我的生活不能没有这把“一流”的锤子。最后，我说：“好的。”任何了解我的人都知道，只要听到“一流”这个词，不论多少钱我都得买下它。我坐进车里，带着身旁座椅上那把漂亮的新锤子，得意扬扬地开车回家。我很可能把它举起来好几次，就为了让别人看见。我到了家，停好车，搭好梯子，然后准备干活却发现没有钉子！

那位销售人员将我对价格的抱怨视为预算问题（我可能买不起），但对我而言，这是个价值问题（我认为不值得）。

我剩下的钱买钉子绰绰有余。但是不论哪种情况，保证我能在干活时拥有一切必要的工具，难道不是优秀的服务吗？

我去参加一次高中同学聚会（这又是一个催泪的故事），她也在那儿。她和高中时一样漂亮，也许更漂亮。她就是我的梦中情人。我想去打个招呼，于是先去吧台喝了一杯好壮壮胆。我说了“你好”，又聊了几分钟后，我说上学时我一直希望能约她出去。她说道：“那你为什么不约我？”噢！天哪！

我没有约她的原因有很多，但是最主要的一个原因是：我害怕她会说“不”。当我们在10年后聊天时，她问我：“你为什么替我说‘不’呢？”为什么？我确实这样问自己，而且要是她说“是”会怎么样？

这两个故事的关键在于：**如果你不主动去问，就永远不会知道答案。**你还可以用一种更加严肃的态度来看待这个问题：谁给过我们代替顾客选择的权利？你的义务是询问，而不是代替顾客回答“是”或者“否”。我们有几句关于附加销售的俗语，值得好好铭记：

大胆开口问，你就会接受
展示，展示，再展示，直到顾客自己说不！

你是否曾经走进一家零售店，在购买某件东西的同时，又发现了另一件你喜欢的东西？是否因为销售人员始终没有询问你对新发现的意见，你最终只买了第一件东西？

当然，即使每次都问，你也不能指望每个顾客都买一件以上的商品。但是，不主动询问肯定卖不出附加产品。如果每个销售员每次都向每位顾客询问是否购买额外的商品，那么附加销售就会增加，利润也会增长。**如果你敢冒顾客说“不”的风险，你会惊讶他们说“是”的次数竟如此之多！**

附加销售：试探成交的黄金法则

附加销售，是指顾客实际购买的比他们原本打算购买的更多。也就是说，**顾客想买一件商品，你不但把他想要的卖给了他，还多卖了两件其他商品。**当顾客表示购买不会超出某个价格限额时，这个方法十分有效，当他们走出你的商店时，他们花的钱是原计划的两倍。附加销售是一种极为令人愉快的销售方式，因为它充满了乐趣。

试探成交的黄金法则——附加销售的首要目的是帮助你完成主要商品的成交；如果没有达成交易，你的存在就毫无意义了。然而，这一技巧也为你提供了增加销售量和提升利润的机会。它能实现事半功倍的效果，因为附加销售使你有机会向一位顾客卖出多件商品。它被称作“黄金法则”，是因为它能将试探成交转变成金灿灿的利润。

购买空间

比如说，一位顾客前来选购西装。他清楚地表明自己最多只愿意花 400 美元，但他却看中了一件价值 550 美元的衣服，这快让他发疯了。这位顾客试穿了那件更贵的衣服，它看上去就像是为他量身定制的一样。顾客感觉很好，毫无疑问他无法拒绝那件更贵的西装。你看得出来，他已经决定必须拥有这件西装了。

他走出试衣间，发现你正站在收银台前，然后对你说他要买这件 550 美元的西装。现在是附加销售的时机吗？或者，你是不是对他感到抱歉，因为他比原先说的多花了 150 美元？

不，现在不是附加销售的时机，因为这位顾客在决定购买之后，他的心理发生了一个奇妙的变化。假设是你看中了这件 550 美元的西装，它比你这辈子买过的西装都贵。你在试衣间里犹豫不决，从各种角度看过镜子里的自己后，终于说道："啊，见鬼，我要买下它。"这个时刻，你想的是什么？是（a）考虑购买一切与这件西装相配的物品；还是（b）感叹花多少时间才能制成这件西装，你在面试时穿它会是什么样，或者你是多么迫不及待地想把它买回家在女朋友的面前展示一番。我想你会同意，选项（b）是我们能想到的最佳选择。经验告诉我，此时此刻这位顾客最不想考虑的就是再多花钱了。

尝试附加销售的最好时机，就是演示刚刚结束之后，或演示正在进行之时。你一步步引导顾客，并完成了一场精彩的演示。你的顾客接受了产品，你也相信他将会购买主要产品。当顾客逐渐动心且购买热情达到顶点的时候，就是附加销售的最佳时机。

附加销售要赶在顾客做出重大决定之前

我们继续以这位顾客和他 550 美元的西装为例。他拿着衣服走进试衣间试穿。虽然他说过这件西装已经超出了他的预期价格范围，但他并没有说他买不起，只是不想为一件西装花那么多钱。尽管如此，你还是看得出他十分满意这件西装的裁剪、面料的手感和上好的工艺，而你已经对这些做了演示来以配合你在探询中发现的需求。

他想象着自己拥有了这件西装，但还是有些拿不定主意；所以，当他还在试衣间里时，你就该当机立断，大胆行动。你挑选好和“他的”西装相配的衬衫、领带、袜子和手帕。当他走出试衣间或者还在试衣间里（这样更好）的时候，你向他建议：“您是否觉得这条领带和这块手帕可以与您的新西装组成完美的搭配？”

你说了要他买西装之类的话吗？没有，而且也没有必要说，因为你所做的都基于一个假设：他已经买下了这件西装。实际上，在开场白、探询和演示过程中，你从未要求顾客做任何事。现在，你有一个不言自明的期望，你期望顾客做一件事，就是买下这件西装。

打破可怕的停顿

试探成交就是问一个简单的问题，使主要产品和附加产品都能卖出去。它是一个隐蔽的、面向顾客的提问，目的是保持你对特定顾客及其需求的直接干预。采用这种方法向顾客提出你的专业建议有两个重要作用：其一，它能促进产品成交；其二，通过提供顾客需要的一切产品，提升你对顾客的服务水平。

几乎每个销售人员都能说出一个与顾客达成交易时发生尴尬停顿的场面。你已经完成了整个销售过程，指出了正在演示的产品具备的所有价值，也把产品和顾客的需求匹配了起来。你认为一切顺利，但却什么也没发生。这是销售过程中最糟糕的时刻，可怕的安静意味着销售人员必须主动要求顾客购买。你可不能眼巴巴地指望顾客会说："我要买下它。"

现在要做的就是试探成交，这是你完成任务的机会：达成交易并附加销售。你的简单提问中包含的语言必须既把附加产品与主要产品联系起来，同时也把顾客的所有权与商品联系起来。在这个例子中，我们使用了"您的新西装"一词来达到这个目的。这类词语不仅自动赋予了顾客对主要产品（即这件西装）的所有权，还提供给顾客考虑购买与西装构成完整搭配的饰品的机会。

你给顾客六件商品，他们会买四件

以附加销售的方式进行试探成交，不论何时都多多益善，这是个简单而有效的理论。我记不得是谁告诉了我下面这个故事，但这是个很棒的故事。它说的是一个拜访流动汉堡摊的鸡蛋推销员。这位鸡蛋推销员询问摊主，他在卖奶昔的同时是否能卖出许多鸡蛋。摊主的回答是否。推销员指出，加鸡蛋的奶昔比没加鸡蛋的奶昔卖得更贵。如果顾客说“我要一杯巧克力奶昔”，他建议摊主询问：“你要一个鸡蛋还是两个鸡蛋？”我想你已经知道结果了，他卖掉了很多鸡蛋。

最近我在与澳大利亚的客户合作，他们主要销售电器。我向他们提议：拿出一种四节装或八节装的高价碱性电池，然后对顾客说：“我推荐这个。”这样就能让他们的电池销量翻番。这种做法会让顾客在说“不”时感到压力。不过事情看起来似乎是这样的：如果你给顾客六件商品，他们会买四件；如果你给四件，他们会买两件；如果你给两件，他们就买一件。不可思议的是，**当你向顾客提供额外数量的商品时，他们最终还是买下了其中的一些**。这种情况非常多。每一次顾客购买额外的商品，商店就能额外赢利，你的佣金也会增长。

你不推销，顾客就不会购买

下面的五个步骤是构建试探成交并确保你卖出额外商品的方法。这些步骤很容易学，还能让你在成交时获得乐趣。

1	2	3	4	5
[您是否觉得] 这两件	[极其般配的]	[领带和手帕] 可以和	[您的新西装]	[组成完美的搭配] ?

第 1 步：您是否觉得……

“您是否觉得……” 以这一句式开头能确保你以问句的形式提出试探成交。与急切地要求不同，这种试探成交的方式以一种谦逊的措辞开头，听起来像是一个友好的发现式提问。

第 2 步：增强效果的形容词

“……极其般配的……” 在尚未介绍附加产品时绝对不要提到这个词，这样它才会起作用。发挥创造性，用语言画一张图。把附加产品描述成能为主要产品锦上添花的物品，它是实用、特别或者必不可少的，而且正好属于你的顾客所说的需求范围。请你比较下面两种说法：“您需要什么甜点吗？”以及“我们有一些热苹果派，绝对美味。”仔细体会它们的不同之处。

第 3 步：附加产品

“……领带和手帕……” 假设你在探询中得知，顾客前来购买西装是为了一次重要面试，于是你仔细挑选了一些饰品，建议他作为附加产品一同购买。你没有推荐任何老套的领带和手帕，而是为他提供了与那件上好的西装相配的精致饰品。

第 4 步：假设拥有

“……您的新西装……” 加上“您”或“您的”这个词，通过让顾客自动拥有产品把顾客与主要产品联系起来，也给顾客提供了机会，看一看附加产品是如何给“他们的”新买的产品锦上添花的。

第 5 步：必须拥有

“……组成完美的搭配” 这个词组能促使顾客感到附加产品对于主要产品而言是必不可少的。如果我说这些饰品能和西装一起“组成完美的搭配”，那就暗示着，尽管这件西装穿在顾客身上既帅气又好看，但是如果没有这些饰品，他的形象仍然是不完整的。这会让你的顾客感到他“必须拥有”这些附加产品。

这种技巧与“您还要点什么？”或者“您愿意买条新领带吗？”之类的问法有天壤之别。那些老掉牙的句式可以退休了。你不必因为顾客的反应而尴尬，顾客也不再会因为陈词滥调而昏昏欲睡了。试探成交是一种如此简单有效的方法，它几乎不需要培训，可有趣的是使用这种方法的人少之又少。

你不推销，顾客就不会购买

几年前，美国运通公司派出了一组志愿者，他们的任务就是购买，购买，再购买。他们花钱的数量没有最高限额，唯一的限制是：当销售人员停止推销时，顾客也必须停止购买。

毫不奇怪，这个实验结果是这样的：在所有销售人员中，60% 的人尝试销售了第 2 件产品，25% 的人继续尝试销售了第 3 件产品，只有 5% 的人要求顾客购买第 4 件产品。这其中最具意义的统计数字是——**只有大约 1% 的销售人员尝试了 5 次和 5 次以上的销售。**

另一项研究是在某著名大学进行的，20 个学生每人携带 100 美元，被派往一个大型购物中心。他们被要求去某商店购买一些便宜的商品。如果销售人员试图卖出额外的商品，他们就买下它。然后，他们要继续买下每一件销售人员推荐的商品，直到推荐停止或钞票用尽为止。结果，所有学生都带着零钱回来了。

什么时候你的双腿会开始颤抖？ 500 美元，1 000 美元，还是 5 000 美元？记住，是你的胃口大小和你的顾客能买得起什么商品共同决定了你能走多远。**如果你不敢主动要求，你永远也不会靠赚佣金而发财。**

销售员只有两个选择：要么达成交易并尝试附加销售，要么就不要再称自己为销售员。刚开始这的确很难，每一次提问能把 5 个部分都包括进去的销售员更是少之又少。所以，只要你有了主意并能成交，结果就完全可以接受。要想做到既行动果断，又说得自然，并不总是那么容易的。多加练习对此大有帮助。记住，如果你不继续推销，推销，再推销，顾客就不会购买，购买，再购买。

掌控局面的方法

当你运用试探成交时，你就让自己掌控了这项交易。你是最终决定演示结果的那个人。你知道你从哪里走来，下一步往哪里去，也知道怎样才能到达目标。你掌控着局面，你的这种确定感会给予你所需要的信心去完成交易。

掌控局面的方法之一就是要知道：对于试探成交，你得到的回答只有三种：

（1）顾客会只购买主要产品。

（2）顾客既会购买主要产品，也会购买附加产品。

（3）顾客会对购买主要产品提出异议。

如果你的顾客已经决定购买主要产品，也同意购买附加产品，那么你不仅获得了胜利，而且还是双倍的胜利。如果你的顾客说他愿意看看你推荐的附加产品，那么你可以假定他已经同意购买主要产品了。

即使顾客不愿意看附加产品，你仍然能够假定他同意购买主要产品。否则的话，他也会对主要产品说“不”的。

不论是上述两种情况中的哪一种，你都已经达成了交易。你掌控了局面，因为是你让这一切发生的。

即使出现第三种情况，即顾客对购买主要产品提出异议，你的处境仍然比想象的要好。你的顾客可能会说“我想到附近再看看”、“价格太高了”或者“我要再考虑一下”之类的话。销售员经常能听到这样的拒绝（下一章会详细论述），顾客会在你演示的任何时候说出这样的话。

顾客提出异议时，如果你没有准备好如何应对，你就会被弄得措手不及。尽管如此，在试探成交的过程中，你就是在寻找拒绝，因为如果障碍仍然存在，交易就无法达成。**当你学会操纵整个过程，使自己在听到顾客的拒绝时有所准备，你就仍然掌控着局面。**

如何推销不相关的附加产品

获得更多试探成交的经验以后，你也许希望向顾客推荐某些与主要产品毫无关系的附加产品。也许是在探询过程中，顾客说的某些话把你的思路引向了另一个完全不同的方向。在推销不相关的附加产品之前，要让已售出的主要产品从顾客面前消失。

告诉顾客你要“把这个放在收银台上”，然后把主要产品移出视野之外。顾客允许你这样做后，他就进一步确认了购买主要产品的决心，这也意味着他认可了你达成交易的假定。**一旦主要产品从视野中消失，你就可以将注意力集中于附加产品，而不必担心顾客会觉得过度购买。**如果主要产品体积太大难以搬到收银台，那就拿掉产品标签或价签，在订货单上写下 SKU（最小销售单位），诸如此类的事情也能达到效果。

练习，练习，再练习

自如地运用试探成交的唯一方法就是多加练习。遣词造句不要过于复杂，要使用轻松的、聊天式的语言，这样你就不会语无伦次了。你可以用店里的任何一件商品来练习。下面是不同的行业中的几个例子，可以让你对此有一些了解：

- “您是否觉得这个超轻的球拍正好可以送您太太，这样您在使用您的新球拍时她也可以有一个？”
- “您是否觉得这些非常好用的电钻配件可以让您的新房门安装起来更加简单？”
- “您是否觉得这条时尚的手链会让您的新手表显得更漂亮？”
- “您是否觉得这套特殊配方的皮革护理组件可以维护您的新皮包？”
- “您是否觉得一个方便的保温盖能让您的新水疗仪开合更容易？”
- “您是否觉得一个防水的狗舍可以保护您的狗狗免遭雨淋？”
- “您是否觉得一个外套或外壳可以让您的新 MP3 播放器免因意外碰撞而损坏？”

从便宜的商品开始推销

在将试探成交融入你的专业表演并将之转化为你自己的风格之前，你可以考虑先推销一些便宜的附加商品，然后再逐步尝试价格更高的商品。你可以从推荐小件的商品开始，即使不能成功，你也不会冒很大的风险，自信心也不会受到打击。下面是一些例子：

- “您是否觉得这种特殊配方的鞋油有助于保护您的新鞋？”
- “您是否觉得一个颜色协调的床罩能够衬托您的被子并营造出您想要的效果？”

熟练之后，你会发现附加产品不一定非得比主要商品便宜。人们不会总是把不同类别的商品“混搭”起来购买。比如，对很多顾客来说，买服装和买鞋子各有各的预算。顾客购买珠宝，这和他们想要放在餐具柜里的水晶餐具也没有任何关系。但是，这两个例子中的无关商品都可能在同一家商店里找到。

当你的技巧提高后，你也许想要尝试推销一些和主要商品无关的附加商品，甚至是和你在探询中的发现毫无关系的商品。不断提高的能力和随之而来的自信会帮助你“知道”，对于来到你店里的每一位顾客，应该推荐哪一种附加产品。现在看来，这也许是遥不可及的目标，但当你能够向一位购买手表的顾客推销一件礼品的时候，这就几乎变成了一种直觉。要是你从来没能在卖出一个 15 美元的撑脚架之后，再附加卖出一辆 3 000 美元的自行车的话，那你就感受不到胜利的喜悦！

无论附加商品是否需要主要商品的存在，记住，是你在掌控局面。**你主导了销售过程，让顾客决定购买主要商品。你成**

功完成了试探成交，所以顾客同意考虑购买附加商品。你没有理由不继续附加销售第 3 件、第 4 件，甚至第 5 件商品。

尽管试探成交无法让每个顾客每次都购买附加商品，但它仍然是用以销售主要商品的最简单、最容易的方法。如果你说：“您是否觉得一个设计独特的球拍罩可以保护您的新网球拍？”顾客回答：“不，我只要网球拍。”你达成交易了。

如果顾客说“是的，我想看一看那个球拍罩”，那么你就快卖出一件附加产品了。如果顾客既要了网球拍也买了球拍罩，那你为什么不说：“您是否觉得这套和您十分相称的网球服会让您在使用新球拍时更像一个职业球手？”

展示，展示，再展示，直到顾客说不！

要点回顾

- 对成交的厌恶，是销售人员在推销中使用陈词滥调的销售腔的直接后果。

- 常规的试探成交让销售人员和顾客都感到乏味。没有必要使用传统的试探成交，它是用来判断顾客是否决定购买某件商品的。

- 如果你的演示完成得非常出色，顾客就会准备购买，你就能从表演时间直接进入附加销售时间了。

- 对于新增的销售而言，毛利润实际上就是净利润。

• 专业销售人员的职责是：每次与每位顾客都达成交易并尝试附加销售。

• 试探成交的黄金法则之所以得名，是因为它几乎总能获利，还能消除对成交的负面感受。

• 试探性成交使用了一个由五部分组成的、简单自然的问句。这五个部分是：您是否觉得……，增强效果的形容词，附加产品的名称，假设拥有，必须拥有。

• 当你假定顾客将会购买主要产品后，最有效的时机是在演示结束后立即运用试探成交。

• 当你运用试探成交时，你就是让自己掌管了这项交易。你是决定演示结果走向的那个人。

• 试探成交的回答只有三种：顾客会只购买主要产品；顾客既会购买主要产品，也会购买附加产品；顾客会对购买主要产品提出异议。

• 如果你的顾客说她愿意看看你推荐的附加产品，你可以假定她已经同意购买主要产品。如果她拒绝参观附加产品，你仍然可以假定她同意购买主要产品。

• 获得更多试探成交的经验以后，你可以推荐一些与主要产品毫无关系的附加产品。在推断顾客将会购买主要产品后，把“已售出”的产品从顾客面前拿走。

• 无论附加商品是否需要主要商品的存在，记住是你在掌控局面。你没有理由不继续附加销售第 3 件、第 4 件，甚至第

5 件商品。

• 尽管试探成交无法让每个顾客每次都购买附加商品，但它基本保证了至少能卖出主要商品。

• 在将试探成交融入你的专业表演并将之转化为你自己的风格之前，你可以考虑先推销一些便宜的附加商品，然后再逐步尝试价格更高的商品。

• 更加熟练之后，你会发现附加产品不一定非得比主要产品便宜。你可以尝试推销一些与主要商品毫无关系的附加商品。不断提高的能力和随之而来的自信会帮助你“知道”对于来到你店里的每一位顾客，应该推荐哪一种附加产品。

• 记住推销员的这句“说唱”——展示，展示，再展示，直到顾客说不！

06

处理异议的原则和技巧

如果我能创造出理想的销售场景，你就可以将阅读这一章当作消遣，而不是学习。

你已经完成了试探成交，而且：

- 你知道如何从表演时间直接进入附加销售时间。
- 你的试探成交使你掌控了局面。
- 你不断地展示，展示，再展示，直到顾客说不！

很多销售人员仍然将顾客的异议解读为没能成交。人们认为，不愿意购买就意味着顾客拒绝了商品，也回绝了我们。实际上，自从世界上第一个推销员开始卖东西以来，顾客就开始提出异议了，而且提出异议的原因就像天上的星星一样多。

异议在零售游戏中司空见惯，但它并不一定意味着你失去了这次机会。

除非你能用策略和技巧敏锐地处理顾客的异议，否则它就会妨碍你达成交易。写作本书的全部目的，就是传授成功的销售洗脑方法。这个方法中的每一步都至关重要，但是，如果你出色地完成了开场白、探询和演示，那么这一章就是这本书中最无意义的一章。如果你没能出色地完成前面几步，那么这一章可能就是这本书中最为重要的一章。如果你已经认真阅读过前面几章，现在是时候把你的放大镜从这一章上拿开了。

你要的是业绩和佣金

零售业的营销有着悠久的历史；从几千年前世界上第一个市场诞生以来，人们就一直在从事这项工作。通过运用个人技巧和个性特点来应对顾客，所有销售人员都或多或少地形成了一套属于自己的销售方法。通过不断的尝试和犯错，有些人找到了有效的方法，有些人没能找到。然而就今天这个时代而言，试错法的代价过于高昂了。

假设有 500 人住在一座孤岛上，完全与世隔绝。有一个人生了病，这就立刻需要有人来担任医生这个角色。有一个人自告奋勇地接受了这个任务。病人侧过身子说："我的肋部疼得厉害。"担任医生的人猛拍病人的肋部，那病人就死了。这位"医生"记下笔记，当病人说肋部疼痛时，再也不要拍打疼痛部位。

多年以后，这位"医生"遇到了许多身患不同疾病的病人，为了治愈他们，他尝试了很多不同的方法。在他试图用试错法解开医学谜团的过程中，许多病人死去了。每一次犯错，他都会记下笔记。

一天，又有一人因为类似的肋部疼痛前来看病，“医生”通过手术从病人的体内取出了一小块发炎的东西。真是奇迹中的奇迹，病人活了下来，“医生”就把这件事写进了他的笔记本。

最终，这位“医生”也死了，另一个人担任了“医生”的角色。这位新“医生”有两个选择：一切从头开始，在每个前来就诊的病人身上做试错法试验；或者阅读其他“医生”的笔记本。

为了节省时间，我将列出一个精确的方案，它能让你化解顾客的异议，更多地来到收银台前。不必在意你将遵循其他人的笔记行事，你要的是业绩和佣金，不是知识产权。每当需要圆形东西时都去重新造一个轮子是毫无必要的。如果人类必须以尝试和犯错的方式来学习生活中的一切事物，那我们是学不了多少的。

尽管如此，有些人还是拒绝阅读“别人的笔记本”。即使读了，他们也不愿运用从中学到的东西，或者他们会放任自己重新回到熟悉但却无效的老路上去。这本书中的营销技巧，特别是这一章中的技巧，是对我们社会中杰出的销售人员（从零售商到批发商，从宗教思想传播者到哲学思想传播者）的所作所为进行深入研究的结果。

对于在零售店里我们应该如何推销，所有这些销售精英都为此做出了贡献。他们的成就和经验在本书中被提炼为一个精确的方案，用于应对顾客的异议。请你仔细研读本章，学习这个方案。在某些情况下，你可以按照我写的那样一字不差地使用这个方案。这样，你就肯定不会走弯路了。

为什么客户会出现异议

在所有推销技巧中，几乎没有哪一方面能比处理异议的方法更充满神秘性了。这也是大多数销售人员遭受失败的领域。记住这条真理：大多数时候人们会出于两个原因而购买：信任和价值。如果这两点确实是你的顾客购买的原因，那么由此可知，他们拒绝购买的原因就是缺少信任和价值。

如果顾客信任你这个推销员，那是一种额外的奖励；但是，就像我在演示中说的那样，如果没能建立商品的价值，仅凭信任是无法帮助你达成交易的。同样，如果顾客无法信任你，想达成交易也很困难。不管哪一种情况，你都会遭遇异议；不过，比起攻克顾客对你缺乏信任的问题，解决顾客的价值判断问题要更容易一些。

你做得还不够

如果顾客不愿购买是因为她认为商品缺少价值，她是在告诉你，她的需求或购买欲没有得到满足。她没能被你说服或者你没能给出充足的理由，让她今天对这件商品做出正面的决定。如果顾客不愿购买是因为她不喜欢你，那么你很可能没能成功地建立理解和信任，甚至没能消除她的抵触心理。

“我会回来的。”

“我想随便看看。”

“你能为我保留这个吗？”

“我不敢确定，真该带我的妻子（或丈夫）一起来。”

这类异议被称为“托词”，当顾客会因说出异议的真正原因而感到不舒服或尴尬的时候，常常会使用这类“托词”。

不论你的工作做得是好是坏，许多顾客都很难说出他们的真实感受。讽刺的是，在与顾客建立信任的过程中（特别是在探询过程中）你做得越好，他们就越是难以说出他们提出异议的真正原因。他们会为说“不”感到内疚，因为你已经和他们建立了情感共鸣，而他们也不想让一个新朋友失望。

相反，如果你建立信任的工作做得不好，你可能会更强烈地感受到顾客的异议，而且顾客会为了离开商店找出任何借口。当顾客缺少对销售人员的信任时，即使你能够发现她提出异议的真正原因，想要打消她的购买疑虑也总是更加困难。一个不信任你的顾客会对你千方百计应对其异议的行为感到厌恶。

随便看看

那对说“下次再来”的夫妇以前是不是来过你的店？你还记得他们吧。他们喜欢你推荐的水晶餐具，还说他们会“下次再来”的。现在他们带着“随便看看”先生一起回来了（这是真的）。这位先生认为你店里有很多优质的皮包可供他挑选，不过他需要“随便看看”。

有时候，**顾客对购买商品犹豫不决是一种防御机制，其目的就是推迟做出决定。**花钱对于我们任何人来说都不容易，所以凭什么要认为顾客花钱很容易呢？记得有一次我与一位珠宝商客户一同工作时，我非常喜欢他店里一块非常昂贵的手表。我对手表有那么一点儿痴迷。当时我大概已经收藏了 16 块手表，但这块表可以算得上是“一旦拥有，别无所求”。我热切地想得到它，也知道我可以为购买它找到一个适当的理由。但是，直到 3 个月后我才最终下了决心。当我再次抚摸那块手表并感叹我是多么希望拥有它的时候，店主说道：“你不是真的想要它。”我问：“你这是什么意思？我当然想要了。”他说：“如果你真的想要它，它现在已经是你的了。”一语中的。我立刻让店主选好合适的表链，戴着它回了家。

这个世界上还有很多人不会做决定。我的一位员工的丈夫就是个典型的例子。在餐馆吃饭时，他总是最后一个确定菜单的人，因为他永远无法决定要吃什么。我们都遇到过这种类型的人：定不了看什么电影，定不了去哪儿吃饭、吃什么、喝什么，早上起床穿什么衣服，买什么样的礼物送人，等等。尽管如此，绝大多数顾客的异议还是销售员在销售过程中已做的和未做的事情导致的。

很多顾客确实希望在做出决定之前先随便看看。但是当你听到“我想随便看看”的时候，你无法知晓他们是真的想这样做，还是已经去过其他商店了。他们可能习惯了借用这句口头禅使自己从店里脱身，也可能用在遇见你之前对待其他销售员的办法一样对待你。

另一种情况是，顾客可能借用“我想随便看看”或“我要仔细考虑一下”之类的话来撒个小谎，而真实原因可能是商品的价格太贵了。如果是这种情况，即使花上一整天时间争取顾客，但由于找不到真正的问题所在，你永远也无法达成交易。正因为如此，你不能只从表面意思来理解顾客的语言，而要努力发现真正的异议，这一点对你至关重要。

人人都会撒谎

我们都曾撒过小谎说我们还会回来，其实并没有回来的打算。我们都曾说过是因为颜色不合适，而实际上是价格太贵了。有些人会尽一切可能确保销售人员不失望，比如问销售人员“你们什么时候关门？”或者“你明天上班吗？”——所有这些方法都是为了让销售人员存有希望，尽管我们并没有回来的打算。还有些人甚至承诺会带上配偶再来，可实际上他们根本没有另一半。商场里每天都在发生这些事。但是，当顾客对我们这样做的时候，我们还是会相信他们。如果我们自己在购物时对销售员是这样做的，那么顾客有百分之百的可能也对我们这样做。

假设你已经完成了探寻、演示和试探成交，那么顾客对购买提出异议的真正原因就是他们觉得这件商品：

- 可能随着技术的进步而过时。
- 没有正当的购买理由，因为它超出了他们的需要。
- 不值这个价钱，尽管他们喜欢它。
- 要价比他们能花的更多。
- 不具备他们需要的所有特点。

也许他们不知道

顾客常常不能确定自己想要什么，更无法对你说清连她自己也不知道的东西。如果顾客说这个瓷器不够雅致，那就找一个更雅致的给她。在演示中你也许不得不试上好几次，才能发现让顾客感兴趣的东西。**满足顾客的需要是你的工作，即使顾客也不确定她想要什么。**记住，你要在整个过程中保持高度的热情，还要在顾客无法说清自己需要什么时避免表现出沮丧的神情。

不管是顾客不想说不愿购买的真正原因，还是她真的不知道要买什么，我们只有明确真正的原因才能处理她的异议。我们必须坚持不懈但不急迫地让顾客告诉我们，她为什么对购买犹豫不决。直到知道了顾客对商品的真正感受，我们才能完成交易。

理解顾客的感受，但不必认同顾客的异议

有些争强好胜的销售人员似乎认为，处理顾客的异议就是与顾客争辩，或者软磨硬泡直到他们屈服为止。某些销售培训师甚至建议你无视异议继续完成交易。尽管如此，很多销售人员还是担心自己说话过于急迫，以至于根本不会试着寻找产生异议的真正原因，更别提应对它们了。

成功地处理异议几乎完全取决于销售人员与顾客合作的能力。这种能力是全面理解顾客的感受和设身处地为顾客着想的能力。它还意味着你不应该把商店和顾客对立起来，创造出一个“我们对抗他们”的局面。恰恰相反，你要让自己站在顾客的一边，时刻对顾客的关切保持敏感。

第一次走进店里就爽快地花掉 5 000 美元的顾客十分罕见。这种事确实有过，但大多数人在做出重大购买决定之前确实需要仔细考虑一番。某些情况下，花费 50 美元甚至 25 美元也事关重大。

我永远不会忘记销售生涯中最让我惭愧的经历之一。我当时正在带一位购买金项链的女士付款。那条项链无疑是世界上最细的金项链了。我的意思是，如果你朝它吹口气，它恐怕就会断了。这条黄金项链重 14 克拉，而零售价只有 24 美元！这位女士非常激动地提起项链，好像它价值 1 万美元一样。她说这是她有史以来为她丈夫买过的最贵的礼物。天哪！我还在这儿想这是有史以来最便宜的破烂货，可她却要得意扬扬地把它送给丈夫当礼物。真该庆幸，我不是最初卖给她项链的那个人，否则我很可能向她推销一款更男性化、更重的项链，那价钱会吓得她直接跑到西尔斯百货的内衣部去的。

如果你能够赞赏顾客对于价格的态度，那就说出来。如果她说价格太高了，你要理解她的感受。让你的顾客知道，你也关心她关心的事。

这一章内容是多年研究的成果，目的是教授大家恰当处理顾客异议的精确方法。与处理销售过程其他方面的手段不同，你需要尽可能地遵循这一方法。下面六个步骤可以用来应对顾客的几乎任何异议，而且这样做可以让顾客感受到你支持他们，进而欣赏你的服务。

第 1 步：倾听完整的异议

不要打断顾客说话，因为这样做暗示着他说的话无关紧要，不值得倾听。如果你让他把他关心的问题说完，你也许会发现他只是在做出购买决定之前抱怨一下而已。

顾客：小伙子，这实在是太贵了。

（销售员在开口说话之前等待了几秒钟。）

顾客：嗯……我决定买下它了。

谁知道呢，一切皆有可能！

第 2 步：承认异议

如果顾客想去别处看看，或是他觉得价格太高，或是他要跟妻子商量一下，你是否能理解或者赞同这些做法？你的顾客要是知道你为他分忧，他肯定会高兴的。通过逐字重复他的异议，在前面加上“我理解……”或“我赞同……”，你就让自己站到了顾客一边。为了进一步强调你的理解，你可以在承认异议之后再加上一个反问。

异议：我下次再来。

承认：我理解您希望以后再来。这是个重要决定，您想要做出正确的选择，不是吗？

异议：我需要。

承认：我赞同您先和您妻子商量一下。您想确保你们俩都对您的选择感到满意，对吗？

异议：我真的应该回家先量一下尺寸。

承认：我理解您需要先量一下尺寸。您肯定想确保它的大小正好合适，不是吗？

第 3 步：请求许可后再继续

在进一步询问顾客之前，我认为最为礼貌的方式是先请求许可："我可以问您个问题吗？"在某种意义上，你已经获得了继续对话的许可。

第 4 步：您喜欢它吗？

你可能要问好几个问题才能揭示真正的异议，但是第一个问题永远是："您喜欢这件东西吗？"这样一个直接的问题常常会鼓励顾客打开话匣子，告诉你他心里真正的想法。

第 5 步：错误检测

在演示中，你已经展示了产品的特点、优点和价值。这一步中，你要再次强调这些重点，以确认顾客是否仍然认为它们符合他的需求。

第 6 步：向顾客询问价格

如果没有意外，有一个问题要永远放在最后，而且要以非威胁性的方式提问："您觉得这个价格怎么样？"

下面的例子能让你对第 2、3、4 步在实际对话中的情形有所了解。注意这一流程是如何使你与顾客的反应保持一致的。记住，在"按照剧本念台词"时表现出善解人意是很重要的；只需稍加"彩排"，你的表演就能赢得奥斯卡奖了。

异议：我得和我妻子商量一下。

承认并反问：我当然赞同您这样做。你们二位都喜欢是很重要的。你们俩都希望为买到它而感到高兴，不是吗？

回答：哦，是的。

请求许可：不过在您离开之前，我可以问您个问题吗？

常用提问：您喜欢它吗？

很多销售员一听到异议，就会放弃努力，随即递上自己的名片，然后说："您可以找我。除了星期三我每天都在这儿。"如果你送出名片让这位潜在顾客离开的话，他就不太可能再回来了。如果他确实回来了，也多半会在星期三——正好是你不在的日子。

当顾客说他们必须咨询丈夫或妻子、想再四处看看或者回家量尺寸时，有些销售人员会感到生气并变得好争论。他们其实想说："你就从来没自己决定过什么事吗？"但是最终他们说："我们的价格是这里最有竞争力的。不如我这就给您开发票，您把它带回家给您妻子不好吗？"销售人员生气或沮丧的情绪会刺激顾客也产生同样的感受。

承认顾客的感受能促使顾客赞赏你是个善解人意的人。但是，你必须小心不要越界，即承认顾客的异议与认同顾客拒绝购买的理由这两者之间的界线。你可不能自己说："您说得对，您是该先去别处看看"或者"我同意，这东西的确太贵了"。

你需要理解顾客的感受，但不必认同他们的异议。

到目前为止，我们已经承认了异议，得到了提问的允许，并问了“您喜欢它吗？”这个问题。如果顾客回答“是的，我喜欢它”，他就完成了自我确认的任务，这就向交易成功迈近了一步。如果顾客说他不喜欢这件商品，或者他说喜欢但不是很确定，那就找出他不喜欢的原因，然后解决这个问题。

假设你问顾客：“您喜欢这个支架吗？”顾客的回答是：“哦，还好。”这是个十分危险的信号，它是在亮起红灯警告你：现在发生的事情对你的销售很不利。

如果顾客的回答是“还行”，甚至只是随口说“是”的话，那可能是你在探询过程中漏掉了某些重要的信息，或者是顾客不知道自己需要什么。如果你想挽救这笔生意，你就必须通过再次探询去发现遗漏的信息，或者通过“试错”程序帮助顾客明确他的需求。

你有两个选择：或者继续进入“问题检测”步骤，或者利用一次绝好的机会缩短整个销售进程。当我听到“还行”或“还可以”的时候，我会立刻这样回敬：“等一等，我可不卖‘还行’的东西。告诉我哪儿有问题。”说话时要充满关心，再眨一眨眼，这方法十有八九都能成功，而且顾客会透露他们的真实想法。如果这不管用，那么“问题检测”就是最好的策略。

问题检测策略

在探询中，你已经判断出顾客需要这件商品的个人原因：他准备送礼，他一直都想买一件，或者他的邻居有一件，等等。你在演示 FABG 的时候利用了这些信息，还细心地使商品与顾客的需求相匹配。

我们已经注意到，对商品提出异议的顾客常常觉得难以说出他们的真实想法，他们给出的原因几乎总是借口。现在，我们必须检测出是什么在困扰他们。我们必须弄清楚，我们所演示的价值，还有他们所说的商品，是否确实是他们要寻求的东西。要做到这一点，我们必须重新审视这些 FABG。

现在有两把椅子：第一把椅子是传统风格，它和顾客家里的各种家具搭配都很好看。第二把椅子的坐垫填充的是鹅绒，这让它坐上去无比舒适。

试探成交

销售员：您是否觉得当您在您的新椅子上休息时，这个相当般配的脚凳可以让您更舒服？

异议

顾客：你知道，我真的觉得我应该再仔细考虑一下。

承认并反问

销售员：我完全理解您想再考虑一下的想法。当您为家里挑选一件漂亮的家具时，您想确保您做的是正确的决定，不是吗？

回应

顾客：是的，当然了。

请求许可

销售员：我能问您个问题吗？

顾客：好的。

问题检测

销售员：您喜欢这把椅子吗？

回答

顾客：它很好看。

支持

销售员：是的，它很华丽，不是吗？能找到一把像您说的那样舒适的椅子是很特别的。

问题检测

销售员：让我来问你，您觉得这把传统风格的椅子怎么样？

回答

顾客：哦，我觉得它非常合适。

支持

销售员：根据您对家里其他家具的描述，我认为这把椅子是完美的搭配。

问题检测

销售员：您觉得鹅绒垫子怎么样？

回答

顾客：好吧，实际上，我有点担心我儿子的过敏反应。

原来如此！她的异议绝不是“还要仔细考虑”，在重新检查了商品价值后，我们找出了真正困扰她的问题。这是个典型的顾客反应：出于某种原因，她没有如实说出心中真正的问题所在，直到我们把它找出来为止。不过，一旦你认定了羽绒填充物是这位顾客反对意见的来源，你可以通过继续提问来找出原因，或者，用我们的话说就是“搞定它”。然后，你就可以给她展示适合她的其他填充材料的坐垫了。

在处理异议的过程中，尽量不要提出预约订购和支付方式，因为你还不知道这是不是个预算问题。如果顾客不喜欢这件商品，那么即使是价格便宜、最后一件库存，或者可以分期付款，都无关紧要。让我们来看看，最后一个例子是怎样把事情弄坏的：

试探成交：您是否觉得当您在您的新椅子上休息时，

这个相当般配的脚凳可以让您更舒服？

异议：你知道，我真的觉得我应该再仔细考虑一下。

销售员：您不如现在就预约订购，这样您就能确保得到它了。这可是我们库存的最后一件产品了。

顾客：哦，我不这样认为。我明天早上会做决定的。我得仔细考虑一晚上。

然后她就到另一家商店寻找没有羽绒坐垫的椅子去了。

如果顾客一直对你展示的商品的某个特点提出异议，这经常是由于探询中沟通不力造成的。例如，顾客提出的具体反对意见可能是她不喜欢戒指上宝石的形状，或者不喜欢地毯的颜色，又或者鞋子对她来说不够正式。如果你能从探询中得到准确的信息，就不必浪费精力展示顾客不喜欢的商品了。

如果你想弄明白顾客脑子里想的是什么，现在就是最好的时机。只有在揭示真正的异议并说服顾客后，询问支付方式才能成为解决问题的方法。

当顾客抱怨价格太高时

在询问价格问题之前，对一切可能存在的潜在障碍进行检测是非常重要的。如果顾客唯一关心的是某个特点会如何使他受益的话，你只需解决这些问题，完全不必询问价格是否合适。

产品的价格最好放在最后说，要在确定没有其他问题之后再提出。

先对在演示中给出的每一组FABG都进行问题检测，然后再提到价格。由于顾客可能不愿意直白地谈钱，甚至会对此感到尴尬，你需要以一种无威胁性的方式提出问题："您觉得这个价格怎么样？"

顾客的回答自然是价格太高或价格合理，没有人会抱怨价格太低的。如果顾客认为价格合理，而且你已经和她建立了信任关系，那么问题一定在于价值缺失。通过赞同顾客对价格的看法，承认顾客的感受。向顾客解释你的商品很有价值，能让所有顾客理解这一点对你来说非常重要。接下来，就该拿出你最有效的武器了。

销售员：您觉得这个价格怎么样？

顾客：哦，还好。

销售员：我很高兴您这样说。我们很为自己的定价感到骄傲。我们要保证顾客的辛苦钱花得物有所值。

销售员：很抱歉，我忘了告诉您这些珍珠独一无二的原因了。如果仔细看的话，您会看到它们有一层很厚的珍珠母。为了生产养殖珍珠，我们把珠核放入珠蚌，这时珠蚌会在珠核周围释放出一种分泌物。这种分泌物逐渐形成了珍珠母，也就是赋予珍珠光泽的那层物质。这些珍珠几乎都是透明的。这颜色难道不好看吗？这可不是经常能见到的，因为从把珠核种入母蚌开始，我们就无法控制珍珠母的形成了。

这位销售人员为顾客提供了额外的信息，并且展现了他对商品的专业意见。此前他很可能并没有用到大量的产品知识，因为他不需要这样做。他只是试着让顾客爱上这些珍珠，也没有过度使用术语去达到这个目的。后来在处理异议时，他很好地展示了他对商品的了解程度。通过这种方式，你就能给出额外的理由让顾客信任你，并为产品增加额外的价值。

正如你在第 4 章看到的，在销售中将信息留待后用是一个重要的理念。如果一开始就把你知道的一切都告诉顾客，以后在你必须增加价值的时候该怎么办呢？**记住，把某些内容作为“后备弹药”保存起来，留到以后再用。**不要过早启用你的“大炮”，要是你后来不得不用“鸟枪”去对付异议，那才叫虎头蛇尾呢。

价值问题还是预算问题

如果顾客对你说价格太高了，你需要弄清楚他说的是预算问题还是价值问题。你也许还记得上一章，我在那家五金店里为一把 15 美元的锤子犹豫的事吧。这件事的问题在于：我是说我买不起这把锤子，还是我认为不值得花 15 美元买一把锤子。

如果是我买不起锤子，销售员就要处理预算问题；如果是我认为这锤子不值那价钱，销售人员就必须说服我对价值的担忧。

如果那位购买珍珠的顾客对高价格提出了异议，你可以这样承认她的感受："我当然理解您对价格的关注。现在的东西都很贵，不是吗？"注意，你使用了"东西"一词，而且没有具体说是什么商品，特别是顾客正在考虑的商品。再注意那个反问，它又一次提醒顾客，你是站在她那边的。然后，你继续问："是这件东西的价格太高，还是它的花费超出了您今天的预算？"

如果顾客的问题出在产品价格过高，你就再次对顾客的担忧表示理解，然后拿出屡试不爽的最好武器：

> 珍珠的有趣之处在于：尽管是我们人工把珠核放进去的，但却是大自然控制了它们的形成。因此我们无法确定是否能得到足够优质的珍珠，去配成一串这样大小和颜色的珍珠项链。生产一串像您试戴的这串一样好看的珍珠项链需要大量的时间，这就是它们如此昂贵的原因。但是，为了一件能让您在未来很多年里拥有和喜爱的东西付出这个价钱还是十分便宜的。我认为这是一个重要的考虑因素，您不觉得吗？

可以看到，每次当我们发现价值缺失是隐藏在异议之下的真实原因时，我们就会拿出另一个 FABG 来应对。

如果顾客的异议是因为购买商品的花费超出了她今天的预算，那就再次承认你理解顾客的感受，然后提问：“今天您打算花多少钱？”

注意“今天”这一用词，它强调你说的是现在，而不是以后。

你还可以注意到，直到现在这个阶段，你才问出那个可怕的“多少钱”的问题：“您打算花多少钱？”你当然不会在顾客刚进来时就问这个问题，因为这可能在顾客头脑中形成一个不切实际的高价，你可不想被它困住手脚。说到底，我们每一个人都曾在零售店里花过比原计划更多的钱，因此预计顾客也会做出同样的行为是合理的。此外，我们知道，身为销售员，我们绝不会代替顾客说“不”，所以我们会把每一次机会都留给顾客自己去说。

假设对于销售人员的提问“您今天打算花多少钱？”，顾客的回答是“大概不超过 500 美元”。如果可能，你就找一件在顾客价格范围之内的替代商品，向他展示。现在的问题是，你是否需要陈述这个低价商品的特点、优点和价值？答案取决于此刻你真正想要销售的是哪个产品。这么说吧，除非你是个只会放弃和傻笑的软弱家伙，否则你总是希望卖出更贵的那个。我就是这样的！不要放弃希望。

记住，所有顾客都有过花钱超出原计划或预算允许的时候。选择怎样的方法演示替代商品，可以成就也可以毁掉你实现交易最大化的机会。

如果可能的话，在你向顾客展示那件低价商品时，把那件高价商品也带在身边。你不需要对低价商品做任何美化，只需要问顾客："这个怎么样？"这会让你的顾客认为这件低价商品要远次于第一件商品。毕竟，你已经激起了顾客对那件高价商品的兴趣和热情，还为它增加了许多价值。相反，你没有做任何推销第二件商品的事情：

销售员：您觉得这辆自行车怎么样？（展示替代商品）

顾客：不是太好。我认为这辆车的速度不够快，对吗？

销售员：没错，这辆更接近于旅游自行车。

顾客：是啊，我也不喜欢它。

销售员：我明白了。这一辆（回到第一辆自行车）要快得多。有一点我忘记告诉您了，就是这辆车……

不去推销那件低价商品是明智之举，因为这正好给了你另外一个机会，为那件高价商品增加价值并达成交易。

如果顾客碰巧喜欢那件低价商品，那就将计就计对它做一个 FABG 陈述。无论是高价商品还是低价商品，你肯定希望能达成交易。先对顾客察言观色寻找线索，然后再决定选择走哪一条路线。

如果顾客在语言或动作上表现出任何迟疑，你就尝试对高价商品达成交易。类似“我也不喜欢这个”，“还行”或“这个也不坏”之类的回答，说明顾客对购买替代商品缺乏热情，甚至顾客触摸、持有，或观看商品的方式也能成为信号。想一想你过生日打开礼物的时候是怎样反应的。如果你热爱某件东西，你的表情和行为与你出于礼貌对一个可有可无的礼物表示兴奋是完全不同的。

尽管如此，在拿起或者触摸替代品的那一刻，顾客仍有可能毫不迟疑地，或在没有销售人员推荐的情况下，对替代商品产生兴趣。或者，顾客会说：“哦，这个不错。”甚至连他的回答中特定词语的重音也能对你下一步该如何行动给出提示。

如果顾客的最终异议是他不能承受高价或低价商品的价格，而且你也相当肯定预算是问题所在的话，那就是时候讨论一下其他的付款方式了。

> 顾客：价格高的那条项链很漂亮，但是它真的太贵了。
>
> 销售员：好吧，我有个主意。我们店有一种支付计划能让您轻松地按月支付款项，您现在就可以把这条项链带回家。您愿意考虑这个计划吗？我相信您会对这种方式感到满意的。

你可以利用分期付款、预约订购，或者任何能方便顾客的支付方法，作为处理异议的最后手段。在顾客需要商品但今天又没有带够现金的情况下，或者当顾客觉得按月付款比一次性付款更容易接受时，这种方式是最好的成交方法。

通过为顾客保留商品来完成交易也可以作为一种最后手段。服装销售员是出了名的喜欢在异议处理过程中使用这一策略的人。但这种做法的成功率不高，通过盘点保留下来却没能卖出的商品的数量就能证明这一点。

实际上，在一家拥有 200 多家女装店的连锁店中，我曾要求各分店经理估算某一天内仓库中被保留商品的金额。各家分店报给我的数字从 500 美元到 3 500 美元不等。这些金额加起来后，整个连锁店保留商品的价值竟然达到 36 万美元。这 36 万美元中，95% 以上的保留商品都是新品，如果它们能在店里再多展示一两天，就会有更多卖出的可能。不幸的是，它们被放到了仓库的保留区，等待永远不再回来的顾客。

销售员其实没有必要提出保留商品的建议。大多数顾客都知道，只要提出保留商品，他们就可以自由地离开了。所以，“你能为我保留这个吗？”成了一句托词，它和“我想到别处看看”是一回事。

第十一诫

我们所有人都会偶尔犯以貌取人的错误。有时候，我们会根据人们的穿着或工作来判断他们购物的价格范围。这是另一种错误评判顾客的形式，应该把机会留给顾客，让他们自己做决定。

要避免替顾客做决定。进一步说，就是要记住推销员圣经中的第十一诫。你要像铭记神圣信条一样牢记这条戒律和它的推论：

降低价格比提高价格更容易。

顾客想买什么，你不可擅自决定。

你要展示勇气，从演示较好的商品开始。

图 6.1 中的流程图将帮助你理解处理异议的完整过程。你可以把它当作一张路线图来使用。好好学习这张图，你就能在顾客提出异议时用上它。当你这样做时，你会发现“下次再来”夫妇很容易就变成“现在就买”夫妇了。

要点回顾

- 处理异议是销售过程中必不可少的环节，因为如果有障碍存在，你就无法达成交易。要想说服顾客，你就要学会识别顾客的异议。
- 通常，当顾客提出异议时，他们会为自己拒绝购买商品给出一个不完整或虚假的理由。有时候，他们确实不知道自己想要什么。这多数是因为他们不信任你并且 / 或者无法从商品中找到价值。
- 要揭示顾客的真正异议，你必须善解人意，使自己“站

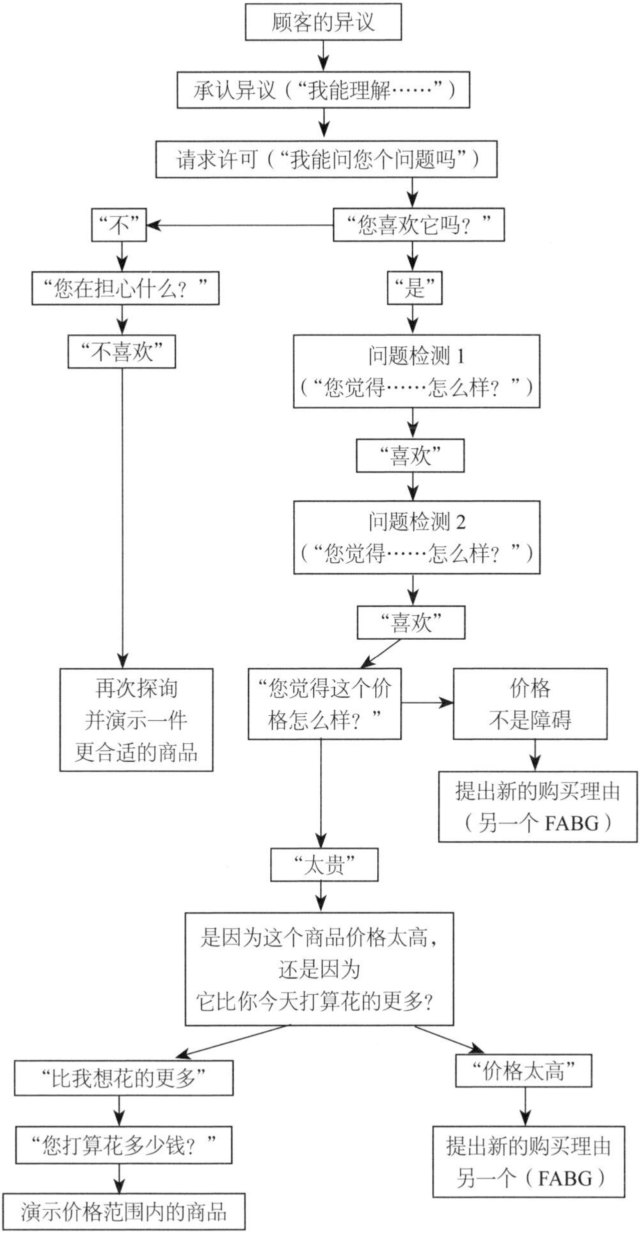

图 6.1　顾客异议处理流程图

在顾客一边”，用充满关怀的方式去了解顾客此时此刻的想法。

• 一字不差地使用六步技巧检测出异议的真正原因。倾听顾客的完整异议，不要打断顾客说话；以逐字重复的方式承认反对意见，前面加上“我理解……”或“我赞同……”；请求允许提问之前要先说“我可以问您个问题吗”，答案显然是“可以”。

• 然后，问几个常见的问题，第一个总是“您喜欢这件东西吗”，接着根据你的需要，询问更多其他问题，以发现真正的反对原因。

• 以你在演示中使用的 FABG 为基础，通过提出一系列具体问题，检测出真正的异议，由此确保你所强调的产品利益对于顾客来说是至关重要的。

• 总是将询问顾客对价格的看法作为最后手段，而且总是要以无威胁性的措辞提问：“您觉得这个价格怎么样？”

• 要说服更多的异议，就要演示商品的其他利益。只有保留某些产品信息以待后用，才能够做到这一点。

• 如果价格是阻止顾客购买的真正原因，你需要判断：是因为顾客认为商品不值这个价格，还是因为商品的价格比顾客想花的钱更高。

• 如果异议与价值有关，你就给出更多的 FABG 以增加商品的价值。如果异议与预算有关，你就提问：“您今天想花多少钱？”顾客告诉你后，你就展示处于他所说价格范围内的商品，但你无须美化这件商品。顾客可能会对原来的商品回心转意，因为它的质量明显更好。

- 如果顾客需要这件商品，但价格仍是影响因素的话，你可以建议他采用预约订购、分期付款，或者你店里可提供的其他信贷计划。

07

让顾客主动说购买

销售员对达成交易的渴望远比技巧更重要。

NO THANKS, I'M JUST LOOKING

Sales Techniques for Turning Shoppers into Buyers

有一天晚上在结束白天的销售培训课之后，我在一位客户的商场里和一对夫妇耗了一个多小时。全体销售人员又一次注视着我，而我正在为这单生意着急犯愁。我已经应对了 4 个不同的异议，还谈到了贷款支付、预约订购等付款方式。我使尽浑身解数，用完了我认为适用的每一招成交技巧，可是这对夫妇仍然不为所动。

对付这种情况需要非常手段。我走到里间拿了一本那天培训课的练习本。我把它放在这对夫妇面前的柜台上，开始逐条核对起来。“看哪，我今天刚上完这堂销售课，我已经照它说的做了一切，现在你们应该已经决定购买了。出了什么问题？”他们笑了起来，然后真的买了！

为什么成交能在销售员的心中唤起这样的情感呢？我知道有的人打开这本书时正好翻到这一章，这就是他们开头读到的话。

如果你是从头开始阅读这本书的话，你就知道，在整个销售过程中，成交是最不重要，同时又是最为重要的步骤。说它最不重要，是因为如果顾客说“我要买下它”，那你就不需要再往下读了。说它最重要，是因为如果顾客不说“我要买下它”，你就不得不主动要求他购买。

这就是生意，而且是非常严肃的生意。很多人依靠自己的能力将顾客转变为买主。一家商店的成功与否取决于实现销售目标的个人的数量。

成交是销售的最终目的

要想帮助一个没有欲望去取得成功的人几乎是不可能的。为这些人找借口很困难，而且我认为，传授能帮助他们渴望成功的技巧超出了我的能力范围。我知道这话严厉了些。与渴望赢的人一起工作要有趣得多，只需一些技巧和策略就可以做到。

我总是说，我更愿意让销售人员冷静处事，而不愿把他们逼到火烧屁股的地步。急于成交和咄咄逼人不过是缺乏技巧的表现。一个必须被督促着去做销售的人无法在销售中找到多少乐趣。

你喜欢和人打交道吗？当你成交一笔大生意时你会疯狂吗？当你的成交数量很低时你会情绪低落吗？生活中你最喜欢

的事情是听到顾客说“是”吗？如果你对这些问题的回答都是肯定的，那么欢迎你进入关于“成交”的话题——真正的成交。

每一位顾客都有一套不同的价值和预期体系。每一位顾客都有不同的经历，对你提供的产品和服务也有不同的认识。因此，想让我给你一个通用的成交方案去应对每一位顾客是不可能的。

也许此时更重要的是再次提醒你去行动，努力尝试达成交易，这比你使用的任何成交技巧都更为重要。尝试成交以及由此得到的或成功或失败的经验，是你学习如何成交的最好老师。

目前在美国，零售业销售人员所做的每100次销售演示中，以下的统计数据依然适用：

- 20%的情况下，顾客会自己说“我要买下它”。
- 20%的情况下，销售人员会主动要求达成交易。
- 60%的情况下，销售人员没有尝试成交。

我没有选择给你看100个销售人员本该成交却没能成交的例子。为什么？因为对于成交这件事，你很清楚自己的情况。只要看一看你的成交率，就知道你是不是需要做得更好了。

获得顾客的购买承诺

在进一步学习之前，让我们先明确自己正处于演示的哪一个阶段。你已经尝试了试探成交，这时顾客对你所演示的主要产品提出了异议。或者说，在演示过程中，顾客对你所展示的商品提出了异议。你遵照异议处理流程解决了顾客担心的问题，这也提醒了你，现在应该采取积极行动，获得顾客的购买承诺了：

销售员：您是否觉得这个耐冲击的塑料手提箱可以保护您儿子的新萨克斯管？

顾客：我不太确定。这是个很棒的乐器，但我不确定我儿子是否会坚持学习演奏，所以花费这么多钱买一件乐器，我还是要考虑一下。

销售员：我当然理解您要考虑一下的想法。您想让儿子一直坚持学习音乐，不是吗？

顾客：当然了！

销售员：我能问您个问题吗？

顾客：可以。

销售员：您认为您儿子会喜欢这个萨克斯管吗？

顾客：当然会。他很想要一个。

销售员：好的，那就从这个开始吧。您觉得这一款对他来说怎么样？

顾客：我有点儿担心它可能太大了。

销售员：我知道您在担心大小的问题。幸运的是，萨克斯不会随着年岁的增长而长大，但是您儿子会长大。用不了多久，它的大小就合适了。我还有些事情忘记告诉您了。这个萨克斯管有几个特别之处。它让初学者演奏起来非常容易，这能让练习更有乐趣，而不只是一个让孩子弄出声音的无聊玩具。我相信您是不会介意听到流畅的乐曲的，对吗？

顾客：这确实很好！

现在该怎么做？这是关键的时刻，成交的时候到了。你该说些什么来促成交易，并确保孩子的妈妈也会对此感到高兴呢？全世界数千名销售人员每天使用的几百种成交技巧足以证明，成交方法也没有一定之规。有些促单技巧已有 50 多年的历史了。有些技巧比另一些更管用。

你的第一个冲动可能是想学会尽可能多的促单技巧，但如果这就是你所做的全部，那你很可能无法成功。你有可能在需要某个技巧时却想不起来，或者把两三个技巧弄混甚至用错了地方。我更偏爱那些便于记住和容易使用的促单技巧。

促单的 10 种基本技巧

我们先从几个基本的促单技巧开始学习和练习。你要尽可能发挥创造性，尽量不要再度使用那些人尽皆知、让人厌烦的促单话术。比如，告诉顾客你的商店可能会关门倒闭，或者你极度需要签单好让你的孩子念完大学等，这些都不是专业的促单方法，而且也不管用。如果你从顾客的角度看的话，它们其实都是些假装可怜的促单话术。

下面要说的这些促单技巧都是一些久经考验的专业方法，在大多数销售场景中，使用它们都十分有效。

二选一促单法

二选一式的提问可以防止顾客对你的成交要求做出否定的回答。不要询问“您是想买什么东西吗？”（对此顾客可以轻松地回答是或者否），而要询问顾客他是想买“X 商品”还是想买“Y 商品”，或者他愿意用“X 方式”还是“Y 方式”付款。

你要做的，就是提出这样的问题：“您是愿意付现还是刷卡？”或者“您是用支票付款还是现金付款？”（对你的店来说用支票比信用卡的手续费更低！）

通过让顾客二选一来告诉他们需要这件商品，你已经增加了获得肯定回答并达成交易的机会。对于已经准备购买但还需要提示一下的顾客来说，这种方法尤其适用。

顾客：我觉得和那件衣服相比，我更喜欢这一件。

销售员：我同意您的看法。您穿这件更漂亮。对了，我是该把它包成礼盒让它看起来更特别，还是就把它放在盒子里呢？

顾客：包成礼盒吧，这听起来很有意思。

顾客同意包成礼盒，也就对成交提问做出了肯定的回答。虽然对于“您愿意买下这件衣服吗？”这个问题，她仍然有可能说“是”，但她回答“不”的可能性也会更大。

反问促单法

我喜欢这个方法，因为它直截了当而且十分有效。假设你正在向一对夫妇推销一件他们两人都喜欢的卧室家具。你已经成功地演示了这件家具的价值，现在你感觉他们正等待你要求他们购买。

其中一个说：“这件家具可以在周三前送到吗？”多数销售人员会回答“可以。”就算你知道周三前能送到，也不要这样说。你应该立刻以一个成交提问作为回答：“您希望在周三送到吗？”或者“我们应该在周三什么时候送到？”

对于你的成交提问，如果他们回答说“好的”，你就成交了。当然，你得遵守承诺按时送到。

这一方法被称作反问技巧是因为它把问题抛给了顾客。这里还有一些反问促单技巧的例子，体现了在原有销售上再做附加销售的成功尝试。

顾客：这一辆自行车有没有海军蓝颜色的？

销售员：您想要海军蓝的？

顾客：是的，非常想要。

销售员：好的，没问题。您觉得这个耐用的架子是不是能让您携带书本更加方便？

顾客：这种香水有没有大瓶的？

销售员：您想要大瓶的吗？

顾客：是的，这样能用得久一些。

销售员：好的，您真幸运，我这里就有最大号瓶子的。要不要顺便买些粉底？

你要像上面说的那样，利用机会开展附加销售。如果你不这么做，你只能算成功了一半。只要是来购物，顾客就已经展示出了他对你商店的喜爱，以及对你的信任。为什么不利用这一点呢？

必须提醒你：在运用反问促单法的时候，要注意避免使用“如果我……，您能否……”这类语言。假设有个顾客说“我想为我的电脑配一台1 000美元以下的激光打印机”，而你回答道：“如果我能为您找到一台1 000美元以下的激光打印机，您能今天就买吗？”你会为使用这种技巧而感到后悔的。

这是一种过时的促单技巧，而且只会让顾客不再尊敬你。现在是21世纪了，顾客的精明老练足以看透这些老套的推销技巧。

主动促单法

与其他促单技巧相比，这一技巧通常需要更多的勇气，这也导致很多销售员不愿使用它。不过，主动促单法经常是让犹豫不决的顾客付诸行动的最有效方法。

在顾客对购买难以决断的时候，你有时应该放松，微笑，开个玩笑，然后再要求顾客购买。你可以大胆地向顾客提问："那么，您愿意买下它吗？"说的时候要带点儿幽默感，即使大部分时间你不是个爱搞笑的人。大多数顾客会欣赏你的坦率和对这种局面自得其乐的态度。下面的对话能为你提供帮助：

顾客：我很抱歉占用了你这么多时间，但我还是拿不定主意。

销售员：没问题，我来替您拿主意。我该把它包成礼盒吗？

顾客：太晚了。也许我明天会来买的。

销售员：哦，求你了。您不觉得您已经纠结得够久了吗？您为什么不现在就买呢？就算看在我的面上吧！

顾客：我很喜欢这个，但我知道我不需要它，而且我丈夫看到这价钱非得吓死不可。

销售员：您瞧，我知道您想要它。您为什么不解脱自己，买下它呢？我觉得您可不该亏待自己。

记住，说这些话时要带着幽默。你的热情和对销售工作的享受会立刻显露在顾客面前，还很可能感染店里的每一个人。归根到底，从销售中获得乐趣正是销售的精髓所在。

附加促单法

这是一种非同一般的促单技巧，因为它在试图卖掉主要产品的同时，还试图销售更多的附加产品。它大体上是这样提问的："您觉得这个搭配那个怎么样？"这种促单方法在你解决顾客的异议后，还能使你的销售更进一步。

顾客：这平板电视的价格不是开玩笑吧？从来没见过这么贵的！

销售员：我知道您的意思。我们的价格恐怕和全市任何商场的价格是一样低的。您愿意为您的新平板电视办理延期保修吗？

顾客：我从不穿黄颜色的衣服，因为它衬托不了我的肤色。

销售员：我理解您的感受，不过您穿这件黄的很好看。用丝巾点缀一下您的外套怎么样？

附加促单法可以一直不停地进行下去。这就是附加销售的优点——或者达成交易，或者继续尝试直到顾客说"不"。你可以把它当成一扇充满成交机会的大窗口。

第三方参考促单法

由于在购买新商品时，大多数顾客都不是彻底的革新者，所以有时你需要再多给顾客一个购买理由，即使你已经为产品确立了足够的价值。

第三方参考促单法的目的是：在顾客不太有把握时，为他们增加信心。

试试这种方法：**让你的顾客知道，你认识的某个人购买了这件商品而且非常满意。这里的“某个人”可以是任何人。**这个人可以是一位最近路过的顾客，顺便来告诉你她很喜欢你卖给她的香水；也可以是你的一位购买过类似产品的朋友，他十分高兴拥有这件产品；甚至还可以是一位够买同样商品的销售同事或商场经理。

实话实说，你是不是会因为销售人员告诉你他最近也买了这件商品，就对购买这件东西感到更为放心？是的，我们都会。知道（或只是相信）某个人已经买过而且感到满意，就能给予顾客更多的信心去做同样的事。

顾客：我在杂志上看到过这条裙子，但我从没见到有人穿过。

销售员：我知道您的意思。我这人就害怕发表错误的时尚意见！不过，我真的听说有几个老主顾买了这条裙子，她们都说它穿着舒适又好搭配。

顾客：那你认为它今年会流行了？

销售员：我敢肯定。您为什么不试试呢？

顾客：好吧。我偶尔也需要大胆一回。

销售员：您应该下定决心了。这件衬衫很好看，和您的新裙子搭配怎么样？

顾客：我无法决定是买香槟酒杯还是通用葡萄酒杯。

销售员：这的确是个困难的选择，不过我的经理告诉我，她通常会买通用葡萄酒杯作为结婚礼物，因为使用它们的机会更多，补配一个也更便宜。

顾客：你说的也对。

销售员：我总是对的。那么，现在我可以为您把这套葡萄酒杯包起来吗？

顾客：好的，就买通用葡萄酒杯吧。

假定成交法

如果顾客在你演示时极少或根本没有表现出抵触的迹象，你可以尝试假定成交法。使用这种技巧时，你其实假定了顾客会购买他正在考虑的商品。把商品拿到收银台去吧，盼望顾客也会跟着你来！

当然，这是一种大胆的举动，但是它在帮你告诉顾客，你说完了，交易结束了。不过，如何运用这种技巧全在于你自己。有些人的处理方式相当直接。有些人则更委婉一些，比如这样提问："那么，您喜欢哪一个呢？"

学习下面的对话，这能帮你决定哪一种风格最适合你：

顾客：他要一件外套作生日礼物，我喜欢这件。

销售员：很好。您再为您丈夫看看其他生日礼物，我把它拿到收银台去了。

顾客：好的。谢谢你。

顾客：这些大屏幕电视机很不错，我们一直想要买一台放在客厅里。

销售员：好主意。您喜欢哪一种呢？

顾客：我想和那一个相比，我们更喜欢这个LED背光电视。

销售员：我觉得这是你们购买大屏幕电视机的最好选择。我去叫工作人员到仓库给您提货。

顾客：好的，谢谢。

在业务繁忙或者你忙于帮助尽可能多的顾客时，假定成交法非常有用。但是，你在尝试这种成交技巧之前，必须先确保顾客没有对你正在推销的商品表现出任何的抵触。否则你会发觉自己倒退了好几步！

订货单促单法

你是不是曾经见过，在顾客还不准备去收银台付款的时候，销售人员就已经开始填写订货单了？这又是一种有效的促单方式，称作订货单促单法。

它是这样实施的：假设你的顾客正在谈论他希望对某件商品做一些改变。他可能想把戒指改小一些，或者想为电脑增加一个内置硬盘。使用订货单成交法时，你的任务就是把他的任何要求都写在一张真正的订货单上。

启用这种促单法的另一个方式是：拿出一张订货单，询问顾客的个人信息，比如姓名和地址。如果顾客毫不抗拒地把这些信息告诉了你，你就成交了。如果顾客还不确定，他会让你知道的。这种情况下，你要做的就是道歉，说你以为他已经决定要买了。

这个例子会告诉你什么时候可以使用订货单成交法：

顾客：你知道吧，这种定做窗帘最近很流行。我女儿的宿舍里装了一块，我邻居也说她为她的育婴室也预定了一块。你有孩子吗？

销售员：还没有。麻烦您告诉我您的姓好吗？

顾客：好的，我姓芬斯特。

销售员：那您的名字呢？

在上面这个例子中，销售人员与一位健谈的顾客达成了交易。你也可以对下不了决心的顾客试用这种方法，但要注意只对合适的顾客采用订货单促单法。一些天生就对销售员缺乏信任的人可能会把你的假定当成极大的冒犯。

“极限低价”促单法

在销售中每个人都免不了和顾客讨价还价。很少有销售员知道如何使这种局面为我所用。利用“极限低价”促单法能够安抚价格驱动型的顾客，让他觉得你正在尽力争取最低的价格，即使你知道自己很可能无法做到。请看这个例子：

顾客：要是这个大衣柜能低于100美元，那就太好了。

销售人员：您希望这个大衣柜低于100美元？

顾客：是的。

销售员：好吧，我试着想想办法，我一会儿就回来。（销售人员躲进某处，顾客等待答复）

销售员：唉，很抱歉我找不到经理批准减价。看来似乎没有多少减价空间了，因为这个大衣柜的价格已经这么低了，这个价格已经相当划算了。

顾客：我明白了。

销售员：我知道您很喜欢它，我可以为您开发票吗？

顾客：好吧。我在卧室里为它腾出地方已经好几个月了。

“极限低价”促单法能帮助你解决价格上的棘手问题。尽管在前面这个例子中，销售人员没能争取到顾客想要的折扣，但他最终还是达成了这笔交易，这是因为他表现出了帮助顾客的真诚意愿。

通过展示帮助顾客得到最实惠的交易，你会让顾客对这笔交易投入更多的情感。在这个例子中，当销售人员去确认大衣柜是否有减价的可能时，那位顾客很可能在想：“哦，但愿能成，但愿能成。”她对减价十分关心，但由于她的希望被提升，她也变得更加在意拥有这个大衣柜本身了。

> 顾客对一件商品越是有感情，卖掉这件商品就越是容易。

反之，如果刚才那位销售人员立刻回答“不，我们不打折”，这就会完全切断与顾客的交流，这位沮丧的顾客很可能头也不回地就走开了。

如果你店里没有合适的地方可供你假装向经理请示的话，你可以要求你的经理假装他正在和你讨论顾客的打折要求。在使用“极限低价”促单法的时候，你必须做出成功的表演。

“非常手段”促单法

当所有其他方法都不管用时，那就毫不犹豫地使出奇招，让顾客的注意力锁定在最终的成交上。这里需要再次使用一点儿幽默感。如果你在销售时获得了乐趣，通常你的顾客也会获得乐趣。

对于非常手段促单法的建议是：询问顾客是否愿意让你打电话给待购商品的使用者本人。

顾客：选择太多了。你的顾客都是怎么做决定的？

销售员：好吧，像您这种情况，我们通常会打电话给使用者本人，然后问他们是不是喜欢。我们要试试吗？（开玩笑地说）

顾客：看来要是我不拿定主意，我们就该打电话了！（笑着说）

顾客也许会让你发疯，但是只要他还没有走出商店大门，你就仍然有机会促成交易。这可能需要一些极富想象力的方法，但是值得尝试。这是你的工作——记得吗？

我曾经抓起一位女士的钱包，把它倒过来，从掉出来的东西里找到了一枚25美分的硬币，然后说道："你说你没钱预付定金，这是什么意思？"我知道你在想："哈里，这次你做得太过分了！"但你要知道，如果我没有与这位顾客建立极好的交情，不知道我是否会遭到责备的话，我是绝对不会做出这样的事情的。我成功了。她近乎疯狂地大笑起来，连其他几个顾客也笑了。警告：我建议这种成交技巧一生中用过一次就足够了！

处罚促单法

把这条促单技巧从你的列表上划掉。和那些老套的推销伎俩一样，在今天的零售环境中，它已经被过度使用了。

处罚促单法通常采用这种形式："我们一年只此一次的活动，明天就要结束了"，"这可能是我们最后一件存货了"，或者"明天恐怕就买不着了"，等等。处罚促单法就是对想在你的商店里花钱的顾客进行处罚。

"恐怕这是最后一件了，您现在就买是很明智的。"

"销售活动明天就结束了，我保证这样的折扣可不会很经常有的。"

这类表达方式会令顾客感到不快，而且多数只会让顾客下决心光顾别的商店，在那些店里，顾客不会因为想花钱购物而受到处罚。

假如出于某种原因，你决定不得不对顾客说一些类似处罚的话，那就不要把话说得像处罚一样。试着用这种方法代替：

销售员：这是我们最后一件存货了。我绝对没料到它能在明晚之前就卖完，但我还是得让你知道。

顾客：哦，谢谢你。我很感谢你能告诉我，也许我应该现在就买。

销售员：这是个好主意。

销售员：如果您现在没有时间买的话，为什么不预留它呢？这样明天就没人把它买走了。

顾客：听上去不错，就这么办吧。

销售员：很好。能告诉我您的姓名和电话吗，还有您明天回来购买的时间。

顾客：好的。

如何应对顾客的打折要求

如今销售竞争是如此激烈，以至于很多零售商都不得不求助于多样化的促单技巧来维持销量。同样，不少顾客也会为了一件商品的价格和你讨价还价。即使管理部门批准了顾客的打折要求，也不一定能助你轻松成交。

比如，你遇到了一位对某件商品非常感兴趣的顾客，但是他要求打折。如果你感觉打折绝对必要，而且能够说服经理，你就可以获得部分折扣或全部折扣的打折权，那就礼貌地请求顾客允许自己离开（就像之前你在极限低价促单法中看到的），然后去和经理商量降价事宜。

假设你的经理批准了部分折扣。**注意，要让顾客知道你并不是经常这么做，你这么做完全是因为你知道他非常想要这件商品，而且你也希望他能得到折扣。**此外，要严守有关打折的信息——把它们当作宝贝锁在保险箱里——因为你可不想让你的商店赢得随意打折的名声。

要是顾客对你提供的部分折扣仍不满意，那就要求顾客做出购买决定，也就是说询问顾客将用什么方式付款，你是否能将此作为理由再次向经理请求打折。如果顾客愿意这样做，你就能基本认为这桩交易可以打折成交了。

一旦经理批准了任何必要的折扣，你就回到顾客面前祝贺他。让你的顾客知道，这种程度的折扣在你店里绝对是个大优惠，这是你不懈努力的直接结果。这样做会让顾客感觉他好不容易才“成功”了，而不是给他一种印象，以为随时都可以走进店里提出打折的要求。

如果经理不允许你打折，你可以把原因归结到商品成本上，而不要去怪罪他人。你可承担不起损害客户关系的后果。

顾客：我认为你们店里的皮制公文包非常好，但是价格太高了。450 美元是这个包的最优惠价格吗？

销售员：我理解您的担心。不过，我们没有折扣是因为我们不会平白无故地抬高价格。这正是我们为顾客提供最具价值皮具的方式。

顾客：好吧，我赞赏这种做法，但是我可不想花费超过 350 美元。

销售员：当然。我知道您真心喜欢这个包，我很愿意为您询问一下我的经理是否可以打折。我希望您能得到折

扣，您不介意稍等片刻吧？（离开顾客去找经理）

销售员：是这样的，我没能争取到100美元的折扣，但我争取到了50美元的折扣，您仍然省了一大笔钱呢。我能为您开发票了吗？

顾客：不，我很抱歉。我买这个公文包不能超过350美元。我想我只好去别处看看了。

销售员：等等。我知道您想要这个包，我也希望您能买到它。我能问问您打算用什么付款方式吗？如果我向经理表示你决定买下这个包的话，也许他会重新考虑那100美元的折扣的。试一试没坏处。

顾客：这是个好主意，试试看吧。我这里有100美元现金，剩下的钱我可以用个人支票支付。

销售员：（拿上钱再次去和经理商量）我们很幸运。经理重新核算了成本，找到了一些额外的利润空间，因此这个公文包我可以卖你350美元。告诉你，那100元现金真是帮了大忙，否则我们可成不了。您需要我把它包起来吗？

顾客：不，我马上就要用。

销售员：恭喜你。我很高兴这个问题解决了。

注意，在这个场景中，销售人员是如何：

• 谈论商店不抬高价格的理由。

- 强调商品已经具有极高的价值。
- 说明这个折扣在这家商店是极少有的。

如果你已认定自己无法让价格驱动型顾客满意，我的建议是，用一种直接但礼貌的方式告诉这些“零售店交易员”你的商店不提供折扣，因为这个价格已经很合理了。这种方法或能劝退那些难伺候的顾客，或会鼓励顾客对尚在考虑中的商品做出进一步的价值分析。

自己无法搞定顾客时，不妨试试移交销售

移交销售，是一个重要的促单技巧。移交销售是另外一种帮助你从每一位走进你商店大门的顾客身上获得更多成交机会的销售技巧。当你个人无法促成交易时，移交销售在这种情况下为你提供了解决方案。

即使你是世界上最优秀的销售员，你也不可能和每个人都做成生意。每一种交易情况中存在的问题都各不相同。有时候，你能够克服这些问题；有时候，你却不能。

让另一位拥有更好成交机会的销售员接手销售，你就能让顾客和商店获得双赢。顾客赢了，因为她的需求得到了满足；商店也赢了，因为它实现了销售。你，作为一个销售人员，也获得了成功，因为你为这桩交易出了一半的力（通过移交而达

成的交易其佣金通常是平分的)，要是没有移交，这桩买卖也许不会发生。

移交销售的时机

发生在交易情况中最为常见的问题是由某种个性冲突（如第 2 章中所述)、专业技术知识缺乏，或缺少基本成交能力等原因造成的。

个性冲突 我们可以理解个性冲突的问题。你不能指望人人都喜欢你。如果某位顾客不喜欢你，不要把这当成是对你个人或者你销售能力的反映。也许是因为你口气难闻，又走得太近；也许是因为某些极其荒唐可笑的原因，比如你头发的颜色，你领带的宽度，或是你戴的眼镜。有些顾客的古怪想法让你根本无从入手。个性或形象的冲突一直都在发生，对于这个世界上某些最优秀的销售员来说也是如此。

假设有位男士在为他的妻子买东西。如果你是个有魅力的女销售员，在你试图达成交易时，那位顾客的妻子可能没有兴趣让她的丈夫花时间和你攀谈。你可能让另一位顾客想起了他的母亲，那是他厌恶的人。无论你说什么做什么，他想得更多的都是那个他讨厌的人，而不是来这里买什么东西。因此，你的明智选择是将销售移交给另一位不会让这位顾客想起他可怕母亲的销售员。

以下一些情况可能需要移交销售:

• 顾客不喜欢你的穿着方式，也许你太前卫或太保守，顾客感觉你无法做出中立的决定。

• 顾客觉得你太年轻或太老，心想："那个人恐怕不知道自己在说什么。"

• 顾客不喜欢你的性别。比如，男性顾客经常会对女性帮助他挑选衣服感到不舒服。

• 顾客听不懂你的语言，或者不理解你的说话方式。外国人或者身有残障的顾客常常需要特殊对待。

• 顾客心怀偏见。很不幸，这种事世界各地都存在。如果你察觉到了，那就移交销售——越快越好。

知识缺乏　不少销售人员遇到的另一个常见问题，就是对某一件商品缺少基本知识或专业技术知识。有太多的销售人员不知是因为无知还是自私，觉得必须要由自己亲自回答顾客提出的每一个问题。实际上，事情恰恰相反。

如果你不知道顾客所提问题的答案，那就向真正知道答案的人寻求帮助。试图在顾客面前不懂装懂，尤其是装成技术专家，就好比向这笔交易送上告别之吻。你已经丧失了可信度，顾客肯定会知道的。

顾客：那么，我的MP3播放器可以使用这种头戴式耳机吗?

销售员：是啊，我想可以。我看不出有什么不可以的。

顾客：你确定吗？我讨厌退货。

销售员：是的，我很确定。

这位销售人员说的话能令你信服吗？恐怕不能。试想，如果销售人员去询问经理那种耳机是否确实可以用于顾客的 MP3 播放器，或者去邀请另一位销售人员向顾客说明适用于 MP3 播放器的特定类型的耳机，这是多么轻而易举的事情。这样做的话，销售员就能为顾客找到正确答案，而且极有可能已经成交，或者顺利地促成了交易。

成交能力缺乏　在各种销售情况中最为常见的问题是：你就是没法成交。这可能是你缺乏练习的结果，但也可能是因为顾客不愿意和你成交。如果顾客没有给你十分明确的指示，如点头、专心听、提问等，那就意味着某些东西还没有被触发。

在这种情况下，为了商店和顾客，你需要移交销售，给顾客一个与店里的其他销售人员交谈的机会，也许这位销售人员能更好地为顾客服务。不过，在你移交销售之前，请确保顾客仍然有一系列购物选择。这样做能为你的同事施展身手留出余地。

如何移交销售

显然，移交销售需要以合作的方式来进行，这需要练习。此外，店里的每一位销售人员需要把顾客（而不是自己）的兴趣和需求装在心里。

在你准备移交销售时，最重要的一点就是要把顾客托付给一位专业人士。不必等待顾客的同意，直接去做就是了。

以下是移交销售的几条特别准则：

1. 向你的顾客解释，你将请其他人参与到谈话中来，这个人也许能更好地回答有关商品的问题。

是这样的，琼斯夫人，您说的是限量版印刷品，我这儿有个人是今年限量版产品方面的专家。他也许是帮助您的最佳人选，因为我知道您对这类艺术品真的很有兴趣。史蒂夫，你能过来一分钟吗？

史密斯太太，我觉得自己没能更好地向您介绍这件商品。让我另找一位更加熟悉青少年喜好的销售员吧，这样更符合您的需要。萨拉，你能过来一分钟吗？

2. 礼貌地把你的顾客介绍给新的销售人员，然后回顾一下销售情况的细节。

销售员 1：史蒂夫，这位是琼斯夫人。

销售员 2：您好，琼斯夫人。

销售员 1：琼斯夫人对这种限量版的印刷品很感兴趣。既然你是这方面的行家，我觉得你更合适回答琼斯夫人的问题。

销售员 2：我很荣幸。

销售员 1：萨拉，这是史密斯太太。

销售员 2：您好吗，史密斯太太？

顾客：很好，非常感谢。

销售员 1：萨拉，我给史密斯太太展示了几款漂亮的手镯，她不能确定哪一款适合她的女儿。我觉得既然你是专家，也许能够提供帮助。

销售员 2：没问题。

3. 一旦完成移交，就退出销售。

琼斯夫人，很高兴能帮助您。我就把您交给更好的人选了，我过一会儿再来看看您的疑问是不是已经全部解决了。

史密斯太太，我很高兴能为您服务，我肯定会回来看看，确保您了解了想知道的一切。

不管你在何时移交销售，重要的是，你要让顾客感到移交会帮助他们正确地选择商品。与感觉受人摆布不同，这种方式能让你的顾客感觉更加放心。

15 个重要的购买信号

我已经详细论述过在处理异议后立即促单的方法。然而，演示中还有很多时候不仅合适促单，而且必须促单。这个时机就是当你听到购买信号的时候。

所谓购买信号，就是示意顾客准备并愿意购买商品的信号。购买信号并不总是显而易见的。你的信号接收天线必须足够灵敏才能识别出它们。它们可能非常微妙又难以觉察，有时候还表现在形体上。顾客的肢体语言和行为有时候比说话更有说服力。

没能识别购买信号的最大危险在于：在顾客发出购买信号后，销售人员所说的多余对话会意外地让顾客放弃本来要购买的商品。

顾客：这是我见过的最好的靴子。

销售员：它的内部还有可以吸收异味的衬里。

顾客：哦。我曾经在一双鞋子里用过这种东西，我一点儿也不喜欢，算了吧。

要想听懂购买信号，首先要注意，它们通常在价值建立之后出现。如果没有价值，顾客可能只是在问你问题。建立价值之后，顾客就是在阐明观点；如果你的回答可以接受，她就有可能购买。

顾客：还有什么其他颜色吗？（这是提问，顾客需要更多的信息）

顾客：我能看看黑色的吗？（这是购买信号）

记住：顾客给出购买信号的时候，就是促成交易的最佳时机。

错过购买信号的例子有很多，下面的对话是我的最爱之一：

销售员：什么风把您吹到我们店里来了？

顾客：上星期我表哥伯尼来这里买了一把椅子，那是我见过的最漂亮的椅子。

绝大多数销售人员会继续探询，想搞清楚是哪一种椅子，甚至伯尼表哥长得什么样。他们错过了购买信号。“表哥伯尼”意味着信任，“我见过的最漂亮的椅子”意味着价值。该促单了。

销售员：什么风把您吹到我们店里来了？

顾客：上星期我表哥伯尼来这里买了一把椅子，那是我见过的最漂亮的椅子！

销售员：您也想买把一样的吗？

最好的结果，就是顾客回答愿意成交。最坏的结果，也不过是一个向你提供更多信息的探询式提问而已。下面列举的15个购买信号能帮助你学会听懂弦外之音：

（1）你们能在下星期给我送货吗？

（2）保修期有多长？

（3）组装起来要花多长时间？

（4）那可能是我见过的最漂亮的（某东西）。

（5）我觉得它很好看。你怎么看？

（6）有稍微小一点儿的吗？

（7）哇噢！

（8）我应该预付多少钱？

（9）你认为我需要多少？

（10）这东西你已经卖掉很多了吗？

（11）你能免费送货吗？

（12）你能把它包装成礼盒吗？

（13）你们的退货政策是什么？

（14）你们接受哪种信用卡？

（15）这东西结实吗？要知道我可有三个孩子呢。

促单可以充满乐趣

不管你信不信，促单对你而言应该变得充满乐趣。当你成为一个自信的促单者之后，我相信你会对这世上的数百种促单技巧产生更大的兴趣。那时你也许会想去书店转转，挑选更多有助你深入学习的书籍。

无论你读什么学什么，请你记住：促单应该是一次出色演示的顺理成章的结束步骤。

要点回顾

• 没有什么神奇方法或完美方案能让顾客每次都掏钱购买，而且对于几乎每个走进你店里的顾客，都要使用不同的促单技巧。然而，你可以学习多足够的促单技巧，从而让你的顾客几乎每次都能掏钱购买。

• 无论如何，你必须主动要求成交。有太多的销售人员相信，如果他们对于自己应对顾客的表现不满意，他们就不再有义务促成交易了。

• 要求顾客购买——每一次都要求。你存在的唯一原因就是：通过交易将商品的所有权从商店转移到顾客的手中。让顾客购买更多商品。

• 识别购买信号是成为一名促单高手的重要组成部分。通过识别购买信号并立即采取行动，你很快就会比自己原本所想的更多、更快地促成交易。

• 所谓购买信号，就是顾客表示出“我要买下它”的意思，但又不是以一种如此明显的方式来表达的。购买信号非常重要，因为它们能帮助你在恰当的时机促成交易，而不必浪费额外的时间。

• 购买信号的典型表达方式类似于“你们有能和这个相配的皮鞋吗？”“你们在戒指上刻字有多快？”“这种产品你们还剩多少？”或者“你们接受信用卡支付吗？”。这类话是在告诉你，不要再用更多的“特点—优点—价值—反问”的形式为商品增加价值了，因为你的顾客已经相信这件商品体现出了价值。

• 一位顾客可以有几百种方式来暗示他已经准备好购买了。如果你能练习仔细倾听顾客说的每一个词，你很快就会培养出接收购买信号的必备技能。

• 有些顾客从不发出购买信号。有些购买信号过于模糊不清，以至于无法从对话中探测到。不管是什么情况，你必须自己掌控局面：无论如何都要尽力促单。

• 学习一些基本的促单技巧，例如二选一促单法、反问促单法、主动促单法、附加促单法、第三方参考促单法、假定促单法、订货单促单法，还有“极限低价”促单法。

• 如果顾客想要折扣，而且你也看出这对于交易至关重要，你要让顾客知道，你给商品打折并不是家常便饭，你这样做完全是因为你知道他需要这件商品，你也希望他得到这件商品。对于打折你要慎之又慎，因为你不想让商店落下容易打折的名声。

• 移交销售是一种重要的促单技巧。你不可能和每个人都做成生意，让另一位拥有更好成交机会的销售员接手销售，你就能让顾客和商店获得双赢。

• 移交时最重要的一点就是要把顾客托付给一位专业人士。不必等待顾客的同意——直接去做。

• 在练习促单技巧时，提醒自己：主动促单是你的职责。当顾客说“我要买下它”的时候，促单自然更容易，但是这话你听到过几次呢？你必须准备好主动要求促单。除此以外，别无他法。

08

确认与邀请

一场感谢的庆典……

NO THANKS,
I'M JUST LOOKING

Sales Techniques for
Turning Shoppers into Buyers

啊，愉快的一天！钞票进了收银机，大功告成。又一位满意而归的顾客。你小小地祝贺了自己一下，在心里记下刚刚赚得的佣金，然后准备信心满满地接待下一位顾客。几桩交易过后，一天就要结束了，你感觉真好！从销售的角度说，你度过了美好的一天，感谢那个似乎买走店里一半东西的顾客。你感觉就像过节，于是打电话给你的爱人，今晚要出去好好庆祝一番。

第二天早晨，你睁开眼，感觉和昨晚一样神清气爽。你在淋浴时唱着歌，期待着前去工作。你早早来到店里，喝了第二杯咖啡，在店里走上一圈，准备好迎接又一个美好的日子。马上就要开门了，当某个销售员按下按钮卷起店门时，你看到了一双正在等待进门的鞋。店门升了起来，露出了挂在顾客手上的一个大提包（那是从你店里买走的）。店门继续升高，你又看到了夹在顾客胳膊底下的第二个提包。

这个人看起来很眼熟。会是昨天使你创造最佳业绩的那位吗？不可能。她昨天买东西时欣喜若狂。我不会搞错的。现在卷帘门似乎像慢镜头一般缓缓升起。那是她的下颌，她的鼻子，她的双眼——哦，不！这怎么可能？也许她昨晚被锁在商场里还没回家去吧。白日做梦。看起来你这桩绝好的交易要泡汤了。

对于销售人员而言，几乎没有什么事能比退货更糟糕了。没能成交是一回事，成交后又失去它才是更痛苦的事。哦，当然，你也许能用换货的方式挽救交易，但如果那不管用，它就会毁掉完美的一天。

买主的懊悔

买主的懊悔是对已购买的商品产生的后悔或内疚的痛苦感觉。我相信每个人在每一次购买商品时都或多或少地体验过买主的懊悔。餐馆里的食物大概是少数几种你在购买之后不会想到退货的东西，除非你在一家五星级餐馆吃到了普通的食品。但是你仍有可能在餐馆里产生买主的懊悔。比如，他们把三明治放在你面前的那一刻，你却希望自己点的是汉堡。

买主的懊悔与花钱的多少无关。仔细想想这一点。比如你买了一辆车，一套房，一艘游艇，或者任何大额的商品。你很喜欢它。但是一到了你要在支票上签名的那一刻，懊悔就从你的头脑中冒了出来。你觉得你应该选择那个而不是这个，应该等到利率下降之后再买，应该在砍价时更坚决更耐心，应该再多想想，应该和你父亲商量一下，诸如此类。

又比如，你买了一个新钱包。你付完钱走出了商店。正当你跨出店门的那一刻，你开始懊悔了。你应该再多看一家店的。会不会不好看？是不是应该买那个皮更软的？它看上去是不是像便宜货？它能装得下你所有的信用卡吗？你花钱太多了，等等。

买主的懊悔经常会导致退货或撤单，它的发生有多种原因。

人人都希望自己的购物决定得到认可

人们希望他们生活中所做的一切事情都能获得认可，包括购物。在这一点上，我真是不可救药。如果别人没有注意到我买了新东西，我就会特意展示给他们看——尤其是价格不菲的物品。我会对看我展示的人拼命地解释我的购买理由。“它确实花了我不少钱，但我认为我做了桩不错的交易，不是吗？我是说，我一直在努力工作。好好犒劳自己是应该的，你不认为吗？我已经很久没有买过这么有意义的东西了。真的——很久没有了。你不觉得这很好吗？我真是这么想的。”我让办公室里的每个人在我走过他的办公桌时都告诉我，我做了正确的决定。

不过我是个好顾客。至少，我提醒朋友们称赞我了。你最可怕的噩梦，就是一位希望能得到称赞的顾客。比如说，一位女士买了一件新衣服。她穿着它去上班了——什么时候？当然是第二天了。你也总希望马上穿上新衣服，对吗？现在，公司里每个人都知道那是件新衣服。他们以前从没见过这件衣服，而他们一周 5 天都能看到她，没有一个人称赞她。实际上，没有一个人说过一句话，甚至连“噢，这是件新衣服吗？”都没有说。她回家后把衣服挂进了衣柜，再也没有穿过，还责怪了你和你的商店。或者，更糟的是，她把衣服拿回店里来了。

但是，假如公司里的某个人确实注意到了这件新衣服，并大大称赞了她一番，她就会再次穿上它。假如每个人都注意到并称赞了她，她很可能半年里每隔一天就会穿上这件衣服。在防止顾客退货这件事上，你作为销售人员面临的最大问题，就是要着冒顾客没能从周围的人那里获得称赞的风险。

人们有时太疑神疑鬼，以至于连一句无心的评论都能引起怀疑。我的办公室里有位女士买了一枚戒指。我看到了，就把它套在小手指上说道：“这当男士戒指也不错。”第二天她就不戴它了。她告诉我，她很害怕自己真的买了一枚男士戒指而销售员却没有告诉她实情。当她总算把戒指戴回手上时，办公室里的另外三位女士立刻对这枚戒指赞叹有加。再见了，买主的懊悔。她从此再也没把戒指摘下来过。

得知别人喜欢你买的东西，会让你对自己的决定感到自信，也更快乐。特别是当你买下某件极贵的东西，或者某件你难以决定的东西时，你一定有过这种感觉，对吗？**必须承认：人人都喜欢自己的决定受到认可—你也不例外！**

尽管如此，你还是不能依靠别人去告诉你的顾客，他们在购买你卖的商品时做出了明智的决定。原因之一就是，和过去相比，今天有越来越多的人独自生活。你必须承担职责——否则，你的顾客可能会开始怀疑他这次购物是否明智。因此，**你的任务就是要求成交，并在成交后让顾客放心。**毕竟，你掌握了独一无二的机会，能使自己成为第一个让顾客知道他们做出了正确选择的人。

变回普通人

当交易完成，现金进入收银机或订货单签署之后，你就不再被认为是销售员了。你只不过是商店里的又一个普通人而已。因此，你说的恭维话会被当作赞美之词，而不是典型的营销辞令。

在交易完成之后继续表现出对顾客的关心，不仅能使你显得值得信赖，还能表现出你的真诚。

这是一种大多数销售员从未获得的声誉，而这种声誉有着难以言说的好处。比如一个销售员在交易结束后说：“琼斯夫人，我觉得在为您女儿买羊毛衫这件事上，您做了一个明智的决定。”这位销售人员是在表达一个事实，即她认为琼斯夫人确实做出了正确的决定。顾客心头萦绕着的怀疑便渐渐散去了。

如果你在交易完成或收款之前就表达对购买的认可，那么你说的话就完全在顾客的意料之中：又是套话。如果顾客正在收银台前付款，你说“您穿这件真好看”，或者“我真高兴您决定买这件”，你还是像在推销，这会让顾客感到十分扫兴。

你现在的目标就是确认交易。“确认与邀请”是一个两步过程，它有助于消除买主的懊悔，减少退货或撤单的可能性，还能促进个人交易和吸引回头客。让我们来仔细看看每个部分。

确认：巩固交易

确认顾客的购买有助于防止买主的懊悔。就如前面的例子所演示的，对于确认的效果而言，时机极为关键。但是确认时你该说些什么呢？这要取决于具体的情况。

请将整个过程当作一场“感谢的庆典”。你的顾客有钱，你有商品，顾客选择在你的店里通过你花钱购物。顾客本可以选择在其他任何地方购物，但是他没有。你和你的顾客完成了一次简单的钱物交换。任何一方都不欠对方任何东西——你们谁也不吃亏。但是，在分别之前，销售人员需要表达他的想法：“嘿，谢谢你选择了我。”

假设威尔森夫妇刚刚为他们的女儿买了一件黄金挂件以纪念她大学毕业。他们的女儿以前从没戴过黄金挂件，威尔森夫妇也不太确定女儿是否会喜欢这件首饰。这笔交易的确认可以这样说：

威尔森先生和太太，我认为你们为女儿的毕业礼物做了极好的选择。这件礼物不仅会在今后几年里增值，还能让你们的女儿想起她人生中最骄傲的成就之一。

请注意，在这个例子中，销售人员不仅告诉顾客他们做了一次极好的选择，而且还提醒了顾客一两个很可能在演示中就指出过的商品价值。这种方法通过强调顾客最初的购买理由，进一步巩固了交易。虽然每次确认都要根据每个顾客的具体情况而变，但是仍有一些准则可以遵循：

（1）称呼顾客的名字。和你的顾客相处几分钟之后，你可能已经知道了顾客的名字。如果你还不知道，那就在支票、信用卡或者发票上找找看。使用“威廉姆斯夫人”或者“佩克先生”等具体姓名来称呼顾客，要比叫“小姐”或“先生”更有个人指向性。

（2）用“你”“我”相称。这能帮助你进一步将交易个人化。感谢顾客的不是商店，而是你。你要相信顾客完全有能力做出明智的购买决定。你不是做决定的人。

（3）确认购买是明智的。通过回顾在演示中涉及的某些商品利益，把你的确认和顾客的购买理由联系起来。你还可以提及探询过程中顾客说的某个观点。这会提醒顾客，你确实在认真地听他说话。

打消买主的懊悔

如果交易涉及非常昂贵的物品，比如珠宝、家具，甚至是昂贵的套装，我常会建议进行电话确认。如果有人在你店里花 6 000 美元买了一枚钻戒，让你从中获得了一笔不菲的佣金，这值得你多花两分钟时间打个电话，让顾客知道你认为他做出了很好的选择。

不管你是在当晚（这是更好的选择）还是次日打电话，确认电话都是又一种让顾客知道他们买得精明划算的有效方式。如果商品是特别订货或者要几天后才送到，那么尽快打电话确认交易就更有意义了。等待收货的这段时间意味着顾客的亲朋好友有更多的时间说服顾客取消交易。

根据我的经验，如果每晚都给你的顾客打确认电话，你就能显著降低你的顾客退货及撤单的概率。下面就是一个电话确认的例子。

销售员：您好，特里佩先生吗？

顾客：是我。

销售员：特里佩先生，我是瓷器店的苏珊。你微笑着离开商店后我一直记挂着您。我更加确信您太太会喜欢您挑选的这个样式的。我的每个顾客都对这种样式赞赏有加，看起来您对买这款瓷器给您太太也非常开心。我相信她一看见就会爱上它的。

顾客：我也这么认为，谢谢您打电话来。

对于成交后致电顾客这类大胆的做法，虽然大多数销售人员都有些迟疑不决，可大多数顾客却由衷地赞赏这种态度。这让他们知道了你在关心他们和他们购买的商品。这能够消除买主的懊悔，也肯定能让你有更多机会见到回头客、做成更多生意。

邀请：请求再次光顾

你是否遇到过老顾客再度光顾并特地来找你的事？或者有老顾客给你介绍新顾客？每个销售人员都遇到过。问题是有多频繁？一直发生？有时发生？偶尔发生？还是从未发生？如果答案不是“一直发生”，那么以下内容会让你特别感兴趣。

过去，你只要简单地说一句“谢谢，祝您愉快”就能赢得回头客。不幸的是，这一招不再管用了。今天，有上百万名销售人员在试图争夺你的顾客。

显然，你想成为一名更优秀的销售员，赚到更多的佣金或奖金。想想那些经常挣得六位数薪金的销售员吧。你相信这种销售员只是运气好吗？他们所在商店的客流量真的比你店里多得多吗？这么大的客流量并不是天天都能遇上的，也无法带给销售员成交价值几百万美元生意的机会。不错，大型室内购物中心可以提供巨大的客流量，但它也培育出了零售业中某些最为激烈的竞争。那里可不只有一家女鞋店，而是5家！

在走访世界各地时，我极其有幸地见过一些真正杰出的零售店销售员。他们都非常优秀，只要你见过他们中的一员，就能立刻明白他们为何优秀。我经常会说起莫尼卡 · 阿尔门达里兹，她是卖女装的。据最新统计，莫尼卡一年的销售额是 120 万美元。她能达到如此高的水平，主要是因为她在店里建立了属于她自己的生意，她拥有自己的顾客。你知道我说的“拥有”是什么意思吗？我的意思是，她的顾客除了去她那儿之外不会想去任何其他地方买衣服。实际上，她曾和我说过一个很棒的故事：一位女士因为过生日得到了一张 200 美元的内曼 · 马库斯礼券（内曼 · 马库斯是美国经营奢侈品为主的高端百货商店），可她却把礼券退掉换成了现金。那位顾客说：“没有莫尼卡帮忙我不会买衣服。”

我有一次曾看她在店里工作，光是看她就很有趣。**她不是在店里走来走去，而是跑，顾客也跟在她身后跑。她像个疯女人一样围着试衣室工作。**但最令人印象深刻的是她在没有顾客可以服务的时候所做的事。我从没见过莫尼卡和其他销售人员聊天或者休息片刻。一整天里只要有空，她都在打电话通知顾客，或者给顾客写信。

这家小店几乎每天都有一小批进货，所以每天早上开门之前，员工们要参加一个 15 分钟的例会。店长会展示每一件新品，并对它的特点和价值做一个基本介绍。全体销售人员都坐在那里，人手一本销售手册；这像极了一场艺术品拍卖会，只有一个例外：第一个竞拍的人会得到新品。据说，刚一展示这些新衣服，莫尼卡就已经把其中大部分抢到手了。会议一结束，她就像一匹冲出门栅的赛马一样拿起电话，满怀信心和决心地通知顾客："玛吉，今天下午你一定要来。新到了一件衣服，你肯定想要。我今天会留着它的。"她并没有央求顾客到店里来，她只是告诉了顾客一声，顾客就来了。更有传闻说，莫尼卡从迷你时装秀上预留的衣服 75% 以上都被买走了。店长甚至为莫尼卡投了一份保险。你能做到吗？

再举一个例子。四五年前，我在明尼阿波利斯遇到了一个在乐器连锁店工作的先生，他的名字叫安迪·安德森，是个让人惊奇的销售员。他把售后跟踪变成了一门科学，自己则成了推荐销售之王。他有一本参考手册记录了几乎每一位他经手的顾客。他还有大多数顾客和他们家中新钢琴合影的照片。不仅如此，他还详细地追踪新顾客是受哪一位老顾客的引荐而来的，这样他就能把支票寄给作为推荐人的老顾客了。这就是跟踪追击法。他练习这种跟踪追击法已经有些时日，有着我从未见过的高准确性。他的其中一个顾客收到了支票，打电话问他那是干什么用的。他说："4 年前你向你的一位朋友推荐了我，现在他终于买了。"不用说，那个人非常惊讶。

这些例子有什么意义？**要想在销售中获得真正的成功，你必须要让你的顾客再次光临或者介绍其他顾客给你。**这是一个无可争辩的事实：和回头客或受推荐而来的顾客做生意比和新顾客做生意更加容易。还有一个事实：要想在任何店里建立销售业务，你必须把顾客培养成你生存不可或缺的部分——回头客不断光临，或者买些什么，或者把他们的朋友介绍给你。

我经常向销售员提这样一个问题。想象你的店里有一扇黑色的大门，上面写着你的名字。在这扇黑门的另一边，是一家与你的店完全一样的商店。你只能销售那扇黑门后面的商品，而顾客通过这扇黑门的唯一方法就是向你提出要求。你能够依靠大门后面的商店谋生吗？这是个有趣的问题。如果你能，那么恭喜你，你是一位专业的销售员。如果你不能，那么成为专业的销售员就是你人生的目标。

告诉你的顾客要做什么，他们就会照做！

你有多少次听到过销售人员说类似下面的话？

> "如果您发现洗衣机装好之后有任何问题，就给我打电话。"
>
> "这个烟雾探测器应该不会有任何问题，万一有的话请告诉我。我很乐意帮忙。"

我一直无法理解这种策略。我的理论是这样的，购买商品之后顾客立即进入了一种奇怪的思想状态，他很容易受到影响，这时候如果你或其他任何人告诉他要做什么事情，他几乎都会照做。如果你暗示他会遇到问题，他就确信自己肯定会遇到问题。如果你暗示他会有疑问，他就会提出疑问。

为什么不告诉客户好好享受他购买的商品呢？如果你以专业销售员的方式对顾客施加任何影响的话，你就不该说你会解决任何可能出现的问题，也不该说你将随时回答顾客的疑问。相反，你要以一种积极的方式来利用顾客这种特殊的思想状态。比如你对顾客说："下午在家好好享受您的新 DVD 吧。"他很可能就照做了。

发出适当的邀请

邀请这一步，实际上就是你邀请你的顾客再度光临商店。但我的意思不是让你说"谢谢，欢迎再来"这种陈词滥调。这可不是争着招揽更多生意的时候，现在是真诚地感谢顾客，邀请她再次光临，并分享她的购物乐趣的时候。记住，这是一场感谢的庆典。当然了，在她真的回来时——你还是得让她买点儿什么！

邀请紧跟在确认交易之后，要根据顾客的具体情况来精心措辞。比如说，伍兹太太从你店里为她的丈夫买了一台家用电脑，你就可以邀请她下次路过时再到店里来，让她告诉你她丈夫是多么喜欢这台电脑，或者她丈夫对她给他挑选了这台电脑有多么惊喜，等等。

成功邀请你的顾客再度光临有这么几条准则：

1. 与顾客达成一致。采用"您能帮我个忙吗？"发起邀请，你就已经与顾客就再次光临达成了一致意见。

有多少次你对别人请你帮忙回答说“好的”，又在听到具体内容后感到后悔？可不管怎样你还是同意了。这真是人性中最奇怪的一面！

大多数顾客也是如此。他们在知道帮什么忙之前就会说“好的”，并向你做出承诺。即使如此，也不要想当然地认为回答肯定就是“好的”，更不能还没得到顾客的回答就开始下一步行动。虽然99%的情况下回答都是“好的”，你还是应该遵守基本礼仪，等待顾客的回答。

2. 邀请顾客回到店里来找你。一旦你的顾客同意了你的帮忙请求，你就提出某个具体理由请求顾客回到店里来找你。请顾客回来的最合适理由就是，这能让你有机会知道所购商品的使用情况，或者它的使用者是否满意。

理想情况下，你可以邀请所购礼物的接受者也回到店里。如果他喜欢他的礼物，他也可能喜欢你店里的其他一些商品——也就更愿意自己花钱购物了。

你的邀请要尽可能特别：“下次您来市中心时，能不能顺路进来让我知道那枚订婚戒指合不合适？我真的很想知道。”

差点忘了还有更绝的：“我希望下个周末您能再来，这样您就能让我知道她有多喜欢这枚戒指了。我简直等不及想知道了！”不用害怕试探顾客的底线。只要你开口请他们帮你一个忙，他们很少会说“不”。

同样，为了让你的邀请尽可能起作用，这里还有一些额外的注意事项。来看看下面的例子：

伍兹先生，我认为您买了一枚极好的戒指。它设计华丽，还能和任何式样的婚戒相配。您能帮我一个特别的小忙吗？

这段话有什么错吗？最好把“买”这个字从确认步骤中去掉！如果是一件价格昂贵的物品，那就等于在说：“我认为您花掉您全部的血汗钱购买这枚戒指是一个很好的决定。”**请用“挑选”或“选择”来代替“买”。**

下面又有一个注意事项，在你向顾客发出邀请时需要牢记于心：

销售员：威廉姆斯小姐，我认为您挑中这件衣服是一个正确的选择。这件衣服你不仅穿起来很好看，而且一年的任何时候你都可以穿它。您能帮我个特别的忙吗？

顾客：好的。

销售员：下次您再来商场时，顺便回来看看，让我们知道您的近况，我们喜欢见到您。

有什么错吗？这位销售人员没有向顾客发出私人邀请！他只是请求顾客回到店里，却没有指明去见哪个人。如果你不能确保顾客回来是专门来找你的，那有什么意义？这可是建立属于你自己的个人交易的绝好机会。

合二为一

你可能已经猜到了，确认和邀请要配合在一起使用。如果处理得当，它们就会成为顾客耳中美妙的音乐！下面这个例子就是一个完整的确认和邀请过程：

销售员：鲍勃，我认为你选择这个商务电话系统是个正确的决定。它的LED显示屏确实能让办公室里的每个人都很容易学习使用，它的灵活性可将电话从一个站点移动到另一站点，让你的办公室经理轻松不少。你能帮我个忙吗？

顾客：好的。

销售员：下次来购物中心时，您能否顺便回到这里，让我们知道这套系统的使用情况，我很愿意听您告诉我。

顾客：我会的，谢谢你的帮助。

销售员：我很荣幸。

让顾客成为你的忠实追随者

你可以称自己为推销员，但是你也是一个生意人。要想成功，你必须发展客户关系，还要每天维持和拓展这些关系。

> 简言之就是，像一流推销员那样销售，像创业者那样做事。

发扬你的创业精神

零售业的营销也是一个创业的过程，这和街那头自己开打印店的家伙做生意一样。他必须追踪记录所有现在的和未来的顾客，这样才能让他们知道什么时候有新的打印器材到货，什么时候有新的纸张可供购买。他的生计有赖于他拓展顾客的努力。如果他无法让顾客知道他在做生意，那就更没人知道了。

即使你工作的地区有着稳定的顾客流量，等待顾客上门永远都不是一个好主意，那是懒惰的营销方法。我最喜爱的一句营销座右铭是：

推销员的工作永远不会结束。

甚至在顾客走出你的商店后，你仍然需要思考这桩交易。如果她是新顾客，就记下她的所有相关信息，包括姓名、地址、电话、电子邮箱、个人喜好、购买日期和购买的商品。

考虑一下，那位顾客下次再来时你要卖给她什么东西，或者她在未来几周内没有再次光临的话，你该怎样和她联系。如果她是回头客，记得一定要更新你顾客档案里的类似信息。

成为顾客的私人购物顾问

如果你准备不辞辛劳邀请顾客再次光临的话，你就得知道一旦他们回来你要做些什么。顾客喜欢受到个别关注，也喜欢别人关心他们。如果你能表现出自己了解顾客的需求和愿望，你就很可能为自己赢得一个忠诚的顾客。

近年来，个性化购物服务数量激增，因为女士们和其他各种职业人士发现他们的休闲时间越来越有限了。于是，私人购物顾问应运而生，他们通过代客户购物赚到了大笔的钱！这些人中，有些是购物专家，有些却不是。有些人恐怕和他们的客户一样，也在商场里漫无目的地瞎转悠。

既然如此，何不把你自己也视为一名私人购物顾问呢？就你店里的这些商品而言，你就是购物专家，对吗？学习做你所有顾客的私人购物顾问吧。

你对自己的定位是：顾客要前来向你寻求建议，也依赖你帮助他们挑选所需商品。

让顾客记住你

我向你推荐各种各样的方法，让顾客能时时想起你的名字。每一种方法都能使你实现建立个人交易的目标：

（1）找到你想要联系的顾客。

（2）向他们介绍你自己。

你现在推销的不只是你的商店和商品，更是你自己和你作为一名关怀备至的销售员的能力和知识！请通过下面 6 种方法，展现出你的关心。

1. 发感谢短信给你所有的顾客。我建议向你所有的顾客发送自己写的个人短信，不要考虑他们在你店里花钱的多少。话要写得简短而亲切："感谢您和我一起购物，我希望您购物愉快。"至于再向他们推销其他商品或邀请他们再次光临时，可以不必写。

发感谢短信的销售员实在是太少了，以至于你只要说声"谢谢您"就能够在众人之中脱颖而出。我甚至记得在某处听到有人说过，大多数人回忆过去 5 年内他们收到的感谢短信，还能记起是谁寄给他们的。

今天就开始行动吧。把感谢短信发给今天所有从你这里购物的顾客。谁知道呢，或许这些顾客中就有一个人或更多人会再次光临，并感谢你发来的感谢短信。

2. 打追踪电话或发追踪短信。和三个月内（时间可根据需要而调整）在你这里购物的所有顾客恢复联系。措辞同样也要简短而亲切。你在此要做的一切，就是让顾客知道有些新品已经到货，而且与他们已经购买的商品十分相配。"感谢您上个月和我一起购物。有一些新丝巾已经到货，它们和您的新衣服搭配起来十分漂亮。我觉得您一定想知道这个消息。"

不管怎样，你都提醒了顾客，让她想起你的服务，还有你店里各种各样的商品。

3. 给顾客寄去资讯邮件。设想你是销售净水器的，最近将一大批产品卖给了一位房产开发商，这位开发商正准备把净水器安装到他正在建造的一片新住宅中。一个月后，你在贸易杂志上读到一篇文章，说的是净水器在家庭住户中很受欢迎。把文章复印后寄给那位刚在你店里投入一大笔钱的顾客，难道不是一个很好的主意吗？

寄资讯邮件是零售业销售人员一项绝妙的营销手段。如果有一篇出自贸易杂志或其他出版物的文章，它就是对顾客从你店里购买的产品的一种第三方支持。又一次确认！更妙的是，资讯邮件并不试图销售任何商品，因而会被视作极具价值的产品信息。

在寄出资讯邮件时，只需在复印件的一角或在你的名片上亲笔写下一段简短的信息，比如像这样："我觉得您可能会对这个感兴趣。最美好的祝愿。推销员苏西。"

4. 给顾客寄去节日贺卡。你有各种机会给你的顾客寄去节日贺卡。这是又一个保持联系的不错理由。你要做的就是签上你的大名然后问好。你的顾客将会感激你对他们的挂念。

然而，在你冲出去买回满满一雪橇圣诞贺卡之前，先仔细想想你的真正目的。你想要得到某人的关注，不是吗？既然如此，那为什么你要在人人都会寄给他卡片的时候给顾客寄圣诞贺卡呢？你的贺卡只会淹没在众多的卡片之中。

发挥你的想象力，在一些出人意料的时机给顾客寄去节日贺卡，比如：

- 土拨鼠节
- 情人节
- 圣帕特里克节
- 万圣节
- 国庆节

有一个好主意，就是不论春夏秋冬，都以寄贺卡的方式宣布新一季的服装开始销售。采用这种方式，你就能提醒顾客：这一季的最新商品已经到货了。

如果你担心给顾客寄一张圣帕特里克节的贺卡会显得怪异，那你尽可放心。与众不同、印象深刻才最重要。宁要激动人心，过目难忘，也不要无聊乏味，转眼就忘。

5. 给商品寄一张“生日贺卡”。这是另一种能让你的追踪技巧显得独具创意的方法。不要寄生日贺卡给你的顾客。它只会消失在一大堆生日贺卡中，或者看起来太老套。相反，**寄一张关于商品的生日贺卡，宣布今天是商品的“生日”，也就是它被顾客从你店里买回家的那个日子；更确切地说，就是让顾客知道你在庆祝这件商品的购买纪念日。**

如果你卖了一只手表给顾客，一张典型的生日贺卡可以这样写：“亲爱的琼斯先生：我想告诉您，您的手表今天一岁了。恭喜您！您下次到商场来时，何不戴着它再次光临本店呢？我们很乐意知道它的使用情况。您现在或许可以将手表好好擦拭一番，让它焕然一新！”

6. 寄去你的个人通讯。在我喜欢的这6种建立个人交易的方法中，这大概是我最喜爱的一种。这是因为在你的竞争对手中，很少有人会花时间去写一篇个人通讯，即使它能给你的自我介绍平添色彩，还能帮助你在自己的销售领域里建立权威。

其实，写一篇个人通讯并不一定要花很多时间或金钱。你可以从网络上找到通讯模板，轻松创建你的个人通讯，然后用电子邮件寄给客户。

把你的照片和你商店的名称放在通讯的左上角，利用下面的空间谈谈行业趋势。你可以写上你自己的观点，也可以引用紧跟趋势的贸易杂志上的文章。（记得在引用别人的文章时要加以声明。）你还可以借此机会通知你挑选的一批顾客，新品已经到货了。

我认识一位百货商店的销售人员，她不仅分发个人通讯告诉顾客什么商品热门、什么不受欢迎，还会在其中谈论自己参与商店慈善活动的事情。通过这种方式，这位销售人员在社区内树立了极为友善的形象，而且作为一位富有爱心、善解人意的人，以及社区中一位受人爱戴的成员，她的信任度也得到了提升。

顾客因为得知她的慈善行为而喜欢她，而且每次到店里来总会找她。实际上，有很多房产中介也会分发个人通讯谈论他们负责的某一片房产。他们会讨论这片地区有哪些房子已经卖出，哪些房子目前有售，以及市场上发生的最新变化。

一个成功的零售业营销故事

我所知的最为成功的零售业女推销员之一曾经告诉我，她会追踪每一位走进她所在商店的顾客的购物情况，这已经变成了她的一种习惯。她说，她坚持记录每一位来逛商店的顾客的情况，并将之全部写在她的“客户手册”里。在这本手册中，她记录了顾客的以下信息：

- 光临商店的日期
- 姓名和地址
- 住宅电话和办公电话
- 电子邮件
- 职业
- 偏爱的支付方式
- 偏爱的厂商和面料颜色
- 购物行为
- 生日或其他特殊事件

这位女推销员告诉我，通过记录这些信息，她就能与她的所有顾客建立起个人关系。**“人们到店里是为了来看我，而不是来看橱窗后面有什么衣服。”**她这样说。

一旦与某个顾客建立了联系，这位女销售人员就会专门打电话或发个人短信给顾客。她甚至鼓励很多客户“预约购物”，也就是让客户预约，然后由她做好购物安排，这样她最多可以花 30 分钟时间陪伴顾客购物。在这段时间里，她会向顾客展示新品，或者帮助顾客为先前购买的衣服挑选新的佩饰。这位女销售人员说，这种服务对于日程繁忙的顾客来说是最理想的。

如果你发现你有一位顾客经常需要特别的关注，或者购物时间有限的话，你可以慷慨地提供帮助。假如你是这位顾客，对于特别关照你的人印象怎么会不深刻呢？怎么会不从这个人那里购买更多东西呢？

要点重述

每一位走进你店里的顾客都有权退回他们购买的任何商品。因此你必须小心，不要把已经卖出的商品再从顾客手里买回来。学会巩固每一笔交易，方法就是认可顾客的购买，并让顾客知道他们做出了正确的决定。这可能要花一些时间，但是相信我——这真的有用。

最后，发出邀请，这一步骤是请顾客再次光临并发展你的个人交易的一种方法。关心你的顾客，顾客也会开始关心你。

要点回顾

• 积极热情地投入每一次交易，不要因为你已经收到了货款或定金，就认为交易结束了。

• 你对自己的定位是：你不仅是所在销售领域的权威，而且还是顾客的好参谋。与顾客合作并追踪他们的购物活动，顾客也会逐渐开始把你当作他的个人助理。

• 在你准备庆祝又一次成交之前，请先确定这是最终的成交。虽然你完成了所有实现成交的必要步骤，也确实成交了，但你可能还没有巩固交易。确认顾客的购买能有助于防止买主的懊悔。

• 你的任务就是要求成交，并在成交后让顾客放心。你掌握了独一无二的机会，能使自己成为第一个让顾客知道他们做出了正确选择的人。

• 当交易完成后，你就不再是销售员了；你只是商店里的一个普通人。因此，你说的恭维话会被当作赞美之词，而不是典型的营销辞令。

• 要做出更有意义的确认，可以称呼顾客的名字，也可用“你”“我”相称。这又助于进一步将交易个人化。感谢顾客的不是商店，而是你。你要相信顾客完全有能力做出明智的购买决定。你不是做决定的人。

• 如果交易涉及昂贵物品，比如珠宝、家具或者手表，可以打电话确认。如果你每晚都给客户打确认电话，就能显著降低你的顾客退货及撤单的比率。

• 那些经常挣六位数薪金的销售员靠的不只是运气——他们能让顾客再回来找他们。和回头客或受推荐而来的顾客做生意远比和新顾客做生意更容易。

• 邀请这一步骤的关键，是要根据顾客的具体情况发出请求，使顾客“有义务”告诉你他（以及他的朋友或家人）对你卖给他的商品有多么喜欢。当这位满意的顾客、他的朋友或他的家人再次光临你的商店时，你就创造了一次绝妙的机会来销售更多商品。

• 请顾客回来的最合适理由是，这能让他告诉你所购商品的使用情况，或者它的使用者是否满意。理想情况下，你可以邀请所购礼物的接受者也回到店里。

• 不要告诉顾客他们可能会遇到问题。很多销售人员都会提醒顾客他们购买的商品有可能出现问题：“再次感谢。如果您新买的烧烤盘有任何问题，就告诉我！”

• 甚至在顾客走出商店之后，你仍然需要思考这桩交易。如果是一位新顾客，就记下与这位顾客的所有相关信息，包括姓名、地址、电话、电子邮箱、个人喜好、购买日期和购买的商品。考虑那位顾客下次再来时你要卖给她什么东西，或者她在未来几周内没有再次光临的话，你该怎样和她联系。

• 学会做你所有顾客的私人购物顾问。你对自己的定位是：

顾客要前来向你寻求建议，他们也依赖你来帮助他们挑选所需商品。

• 使用各种各样的方法让顾客时时想起你的名字。每一种方法都能使你实现建立个人交易的目标：找到你想要联系的顾客，然后向他们介绍你自己。

• 每一位走进你店里的顾客都有权退回他们购买的任何商品。因此，小心不要把已经卖出的商品再从顾客手里买回来。学会巩固每一笔交易，方法就是确认顾客的购买，并让顾客知道他们做出了正确的决定。

• 发出邀请，这一步骤是请顾客再次光临并发展你的个人交易的一种方法。

后 记

你获得乐趣了吗？我真的希望如此。每当我站在商场里时，我都觉得销售是一场值得一玩的游戏。当你获胜的时候，不仅是你赢得了战利品，你的商店也赢了，更重要的是，你的顾客也赢了。

以销售为职业有利也有弊。我曾有好多年都对自己没能成为律师、医生或其他什么专业人士而感到不好意思。我实在没有值得一提的本事，看起来注定要成为一个碌碌无为的人。后来，事情就这样发生了，我决定去学习销售，并尝试一把。

今天，我觉得我可以真正称自己为专业人士了。销售不仅是我关心的事情，而且成了我热爱的事业。我知道这是我非常擅长的事情。在我的人生的各个领域中，我可以自称内行或专家的领域并不多。销售给了我一种成就感。

和我一样，你也有这样的选择和机会：你不一定要上大学，但你一定要学习；你不一定要在最好的地方工作，但你一定要把工作做到最好；你不一定需要一个百万富翁顾客，但你一定要把每个顾客当作百万富翁对待。最重要的是，你一定要渴望成功。

我可以非常自豪地说，这本书中的销售方法是全世界零售业中最广为使用的方法。这也许是因为它包含了很多实用技巧；也许是因为它采用了合理有序的步骤将这些方法组织起来；又或许是因为它源自商场里的实战经验，所以才通俗易懂。我知道，如果你能有机会将本书中的内容付诸实践的话，你会发现，这些技巧和策略能让更多的逛街者变成真正的购买者。

你会发现，从每日预检到确认和邀请，我尽量不去介绍那些你觉得难以做到或毫无乐趣的技巧，以避免浪费你的时间。

请你把每个步骤都当作一个目标。只有完成它，你才能进入下一个步骤。你会发现，用这种方式做好每一步，那么达到你希望的最终目的——成交——就会容易得多。

最后我要说，真诚和亲切的销售是实现客户服务的最好方式。你的顾客随时都可以选择去别处购物。如果处理不当，你将丢失成群的顾客，还不得不把他们一个一个请回来。如果处理恰当，你就拥有无穷的机会。不要忘了——这是表演时间！

NO THANKS, I'M JUST LOOKING

Sales Techniques for Turning Shoppers into Buyers

作者介绍

哈里 · J. 弗里德曼

弗里德曼集团创始人兼首席执行官

零售业营销顾问、培训师、演讲人、作家

和哈里 · J. 弗里德曼见面，与其说是会面，不如说是遭遇。他特立独行，富有颠覆性和创造性，而且充满活力。他独一无二的风格让你震惊，并迫使你重新思考零售业的销售和管理方式。接着，他会用各种“我怎么没想到”的技巧把你的众多逛街者变成真正的购买者，让你惊喜万分。如果他对零售店应该如何经营的远见卓识可以装进瓶子，送给全世界每一个零售商的话，零售业将会被提升到一个前所未见的高度。

哈里 · J. 弗里德曼是一位享誉国际的顾问，专业研究零售业营销和运作管理。自 1968 年起，他就是一名超级推销员、突破世界零售业纪录的销售经理，还是两家成功经营的连锁店的老板。今天，他被认为是零售业中最杰出的思想领袖、战略家和远见者之一。

1980 年，他创立了弗里德曼集团，该集团如今在 11 个国家设有办公室，并且继续在全球扩展它的业务。他创新而高效的培训体系已经在全世界教授了超过 50 万家零售商——从最具代表性的零售品牌到最不起眼的个人小店——无一例外地给他们带来了更多的生意。

弗里德曼先生能以激励人心的方式分享他的经验，他这种无与伦比的能力使他成了全世界零售业的营销和管理方面最受欢迎的演讲人和畅销书作家。他以充满乐趣又大胆直言的风格著称，他向我们提供的大量既实际又实用的信息远远超越了激励人心的作用。

他机智的头脑和生动的演讲技巧已经表现在为各类客户所做的主题演讲和所授的私人课程之中，这些客户包括了独立零售商、贸易组织、生产商和大批财富 500 强企业。他所撰写的文章已经在全国贸易杂志上刊登过 500 多次，本书是他写的畅销书，现在已经是第 31 次印刷了。

他是零售业排名第一的销售管理方法的创造者，采用该方法的零售商数量比世界上采用任何其他销售方法的都要多。作为零售业内最受追捧的顾问之一，他的销售技巧通过现场咨询和培训服务、网络授课、现场研讨会、在线研讨会以及各种音频、视频和印刷出版物，传授给了世界各地不同规模、不同行业的零售商。

弗里德曼先生还开发了零售业中最受欢迎的培训课程——包括专业零售管理课程（即过去的零售管理训练营），多店监管课程和营销大师课程——还有“金星营销”等各种营销训练课程的DVD（数字激光视盘）产品，如《零售业完全手册：营销游戏和销售竞赛》以及《零售业营销策略指南》等。所有弗里德曼课程中的顶尖产品就是“金星计划”，它是由零售业店主和高管参加的一系列独特的月度会议，关注的是如何发展真正高效的零售业运作方式。

即使已被很多人视为零售业最好的导师，他依旧是充满争议、发人深省的哈里——但也是平凡的普通人哈里。